Nova Edição

# ESSA MÃOZINHA VAI LONGE

Caligrafia

**1**

Ensino Fundamental 1

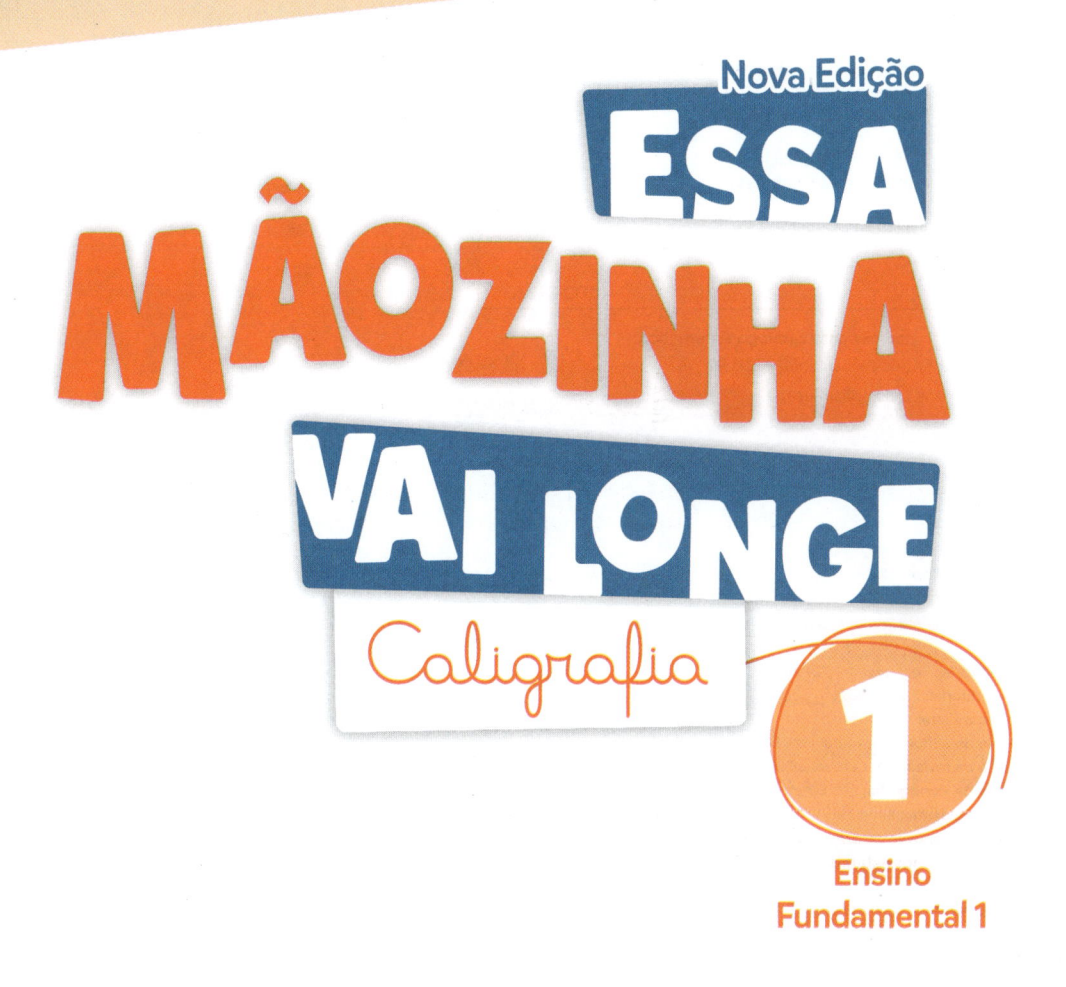

**Thayanne Gabryelle • Vilza Carla**

3ª edição
São Paulo, 2021.

Editora do Brasil

**Dados Internacionais de Catalogação na Publicação (CIP)**
**(Câmara Brasileira do Livro, SP, Brasil)**

Gabryelle, Thayanne
    Essa mãozinha vai longe : caligrafia 1 : ensino fundamental / Thayanne Gabryelle, Vilza Carla. -- 3. ed. -- São Paulo : Editora do Brasil, 2021.

    ISBN 978-65-5817-318-2 (aluno)
    ISBN 978-65-5817-319-9 (professor)

    1. Caligrafia (Ensino fundamental) I. Carla, Vilza. II. Título.

20-52102                          CDD-372.634

**Índices para catálogo sistemático:**
1. Caligrafia: Ensino fundamental 372.634

Cibele Maria Dias - Bibliotecária - CRB-8/9427

© Editora do Brasil S.A., 2021
*Todos os direitos reservados*

**Direção-geral:** Vicente Tortamano Avanso

**Direção editorial:** Felipe Ramos Poletti
**Gerência editorial:** Erika Caldin
**Supervisão de arte:** Andrea Melo
**Supervisão de editoração:** Abdonildo José de Lima Santos
**Supervisão de revisão:** Dora Helena Feres
**Supervisão de iconografia:** Léo Burgos
**Supervisão de digital:** Ethel Shuña Queiroz
**Supervisão de controle de processos editoriais:** Roseli Said
**Supervisão de direitos autorais:** Marilisa Bertolone Mendes

**Supervisão editorial:** Júlio Fonseca
**Edição:** Mariana Tomadossi e Rogério Cantelli
**Assistência editorial:** Patrícia Harumi
**Auxílio editorial:** Douglas Bandeira
**Copidesque:** Gisélia Costa, Ricardo Liberal e Sylmara Beletti
**Revisão:** Elaine Silva, Elis Beletti, Flávia Gonçalves e Gabriel Ornelas
**Pesquisa iconográfica:** Isabela Meneses
**Assistência de arte:** Leticia Santos e Lívia Danielli
**Design gráfico:** Talita Lima e Gabriela César
**Capa:** Talita Lima
**Edição de arte:** Andrea Melo e Samira Souza
**Imagem de capa:** Claudia Marianno
**Ilustrações:** Camila de Godoy, Carolina Sartório, Danillo Souza, Edson Farias, HeartCRFT/Shutterstock.com (ícones), Lorena Kaz, Reinaldo Rosa e Silvana Rando
**Produção cartográfica:** DAE (Departamento de Arte e Editoração)
**Editoração eletrônica:** NPublic/Formato Editoração
**Licenciamentos de textos:** Cinthya Utiyama, Jennifer Xavier, Paula Harue Tozaki e Renata Garbellini
**Produção fonográfica:** Cinthya Utiyama e Jennifer Xavier
**Controle de processos editoriais:** Bruna Alves, Carlos Nunes, Stephanie Paparella e Terezinha Oliveira

3ª edição, 2ª impressão 2022
Impresso na Hawaii Gráfica

**Editora do Brasil**
Rua Conselheiro Nébias, 887
São Paulo, SP – CEP 01203-001
Fone: +55 11 3226-0211
www.editoradobrasil.com.br

**abdr**
ASSOCIAÇÃO BRASILEIRA DOS DIREITOS REPROGRÁFICOS
*Respeite o direito autoral*

# Sua mãozinha vai longe

Ó mãozinhas buliçosas!
Não me dão sossego ou paz,
Volta-e-meia elas aprontam
Uma reinação: zás-trás. [...]

Mas se chegam carinhosas
Quando querem me agradar
– Que delícia de mãozinhas!
Já não posso me zangar...

Não resisto às covinhas,
À fofura, à maciez
Das mãozinhas buliçosas:
Me derreto duma vez!

Tatiana Belinky. *Cinco trovinhas para duas mãozinhas.*
São Paulo: Editora do Brasil, 2008. p. 4, 12.

# Currículos

## Thayanne Gabryelle*

- Licenciada em Pedagogia.
- Especializada em Pedagogia aplicada à Música, Harmonia e Morfologia.
- Professora do Ensino Fundamental das redes particular e pública de ensino por vários anos.
- Professora de curso de formação de professores de 1º grau.
- Autora de livros didáticos na área de Educação Infantil e Ensino Fundamental.

*A autora Celme Farias Medeiros utiliza o pseudônimo Thayanne Gabryelle em homenagem a sua neta.

## Vilza Carla

- Graduada em Pedagogia com habilitação em Orientação Educacional.
- Pós-graduada em Psicopedagogia.
- Autora da Coleção Tic-Tac – É Tempo de Aprender, de Educação Infantil, da Editora do Brasil.
- Vários anos de experiência como professora de crianças em escolas das redes particular e pública, nas áreas de Educação Infantil e Ensino Fundamental.

Quem tem asas

Passarinhos
São os mais coloridos
Dos anjinhos.

Passarinhos
São crianças.

Enquanto eles voam
Porque são o que são,
Elas podem voar
Com as asas
Da imaginação.

Lalau. *Zum-zum-zum e outras poesias*.
São Paulo: Companhia das Letrinhas, 2007. p. 8.

Este livro é de

Ilustrações: Carolina Sartório

# Sumário

Coordenação visomotora .................. 7-15
Vogais minúsculas .... 16-17
Vogais maiúsculas .... 18-19
Juntando as vogais .. 20-21
Consoantes ............... 22-23
Alfabeto .................... 24-26
Família das consoantes ............... 27-32
Formando palavras .. 33-39

## Treino ortográfico

**M** antes de **p** e **b** e no **final** de palavras ................................. 40-41

**N** antes das demais consoantes ............................ 42-43

## Palavras com

r entre vogais ....................... 44-45
rr ............................................ 46-47
s entre vogais ....................... 48-49
ss ............................................ 50-51
ce – ci ................................... 52-53
ç ............................................. 54-55
ge – gi ................................... 56-57
gua – gue – gui .................... 58-59
nh ........................................... 60-61
lh ............................................ 62-63
ch ........................................... 64-65
qua – que – qui .................... 66-67
ar – er – ir – or – ur .............. 68-69
al – el – il – ol – ul ................ 70-71
as – es – is – os – us ........... 72-73
az – ez – iz – oz – uz ........... 74-75
r intercalado ......................... 76-77
l intercalado .......................... 78-79
x .............................................. 80-81

Para brincar com as cantigas ................ 82-85

## Números

De 1 a 9 ................................. 86-96
Família do 10 ............................. 97
Família do 20 ............................. 98
Família do 30 ............................. 99
Família do 40 ........................... 100
Família do 50 ........................... 101
Família do 60 ........................... 102
Família do 70 ........................... 103

## Datas comemorativas

Páscoa ..................................... 104
Dia do Índio ............................. 105
Dia das Mães .......................... 106
Festas Juninas ........................ 107
Dia dos Pais ............................ 108
Dia da Criança ........................ 109
Dia do Professor ..................... 110
Dia da Bandeira ...................... 111
Natal ........................................ 112

# Coordenação visomotora

- Escute o texto e faça um lindo desenho para ele.

*A cobra comprou um bolo para o aniversário da filha, seus parentes já estão chegando para a festa em família!*

*Vamos aprender: palavras.* São Paulo: Libris Editora, 2013. p. 5.

- **Escute e cante a parlenda. Depois, cubra os caminhos pontilhados para levar o galo até o pintinho e a laranja.**

*Laranja baiana que vira pó.*
*Galo que canta coro-co-có.*
*Pinto que pia piri-pi-pi.*
*Moça bonita que saia daqui!*

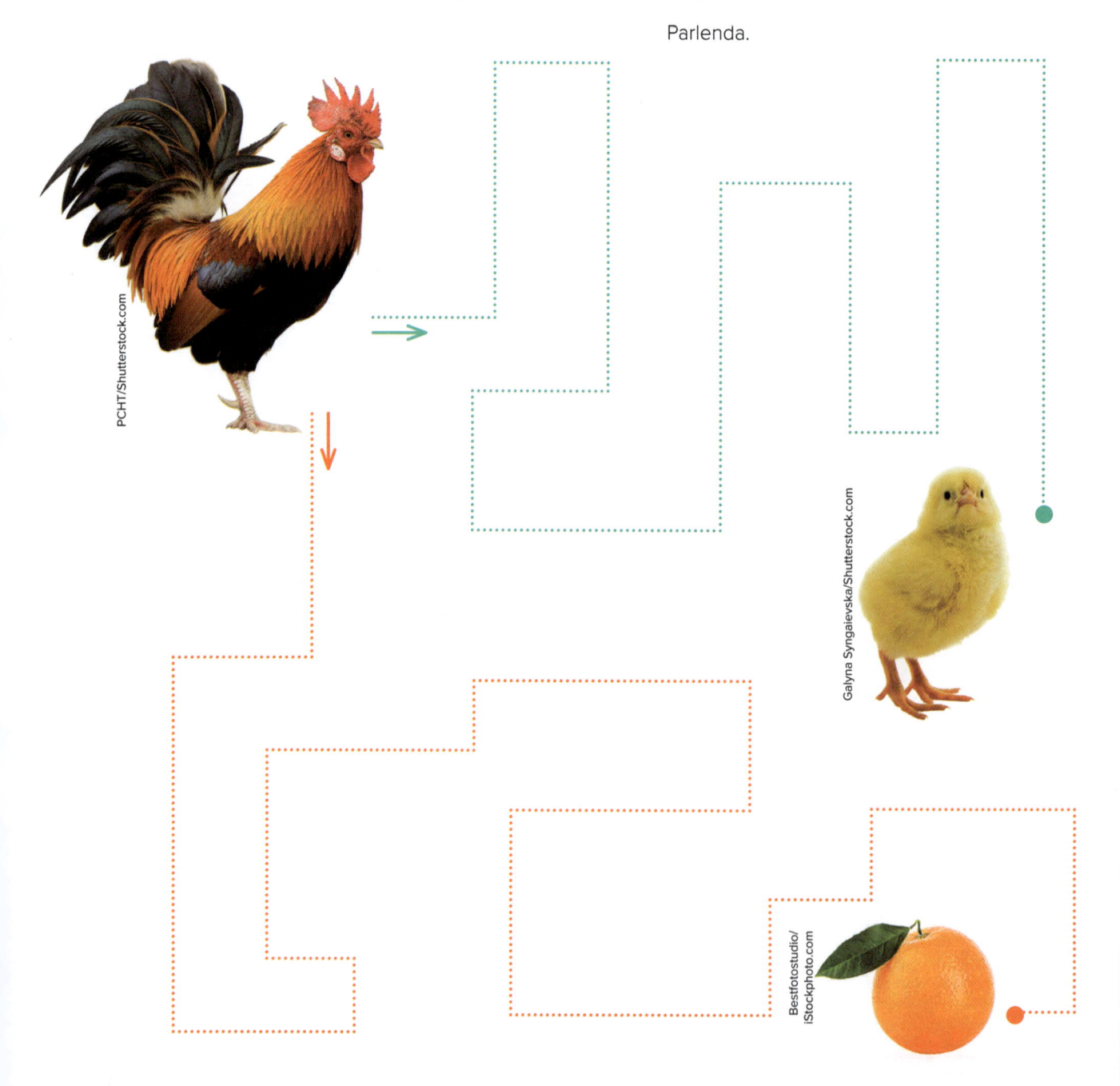

Parlenda.

- Cubra o tracejado e continue desenhando o movimento de cada carrinho sem bater nos pontos. Depois, pinte os carrinhos com a cor indicada.

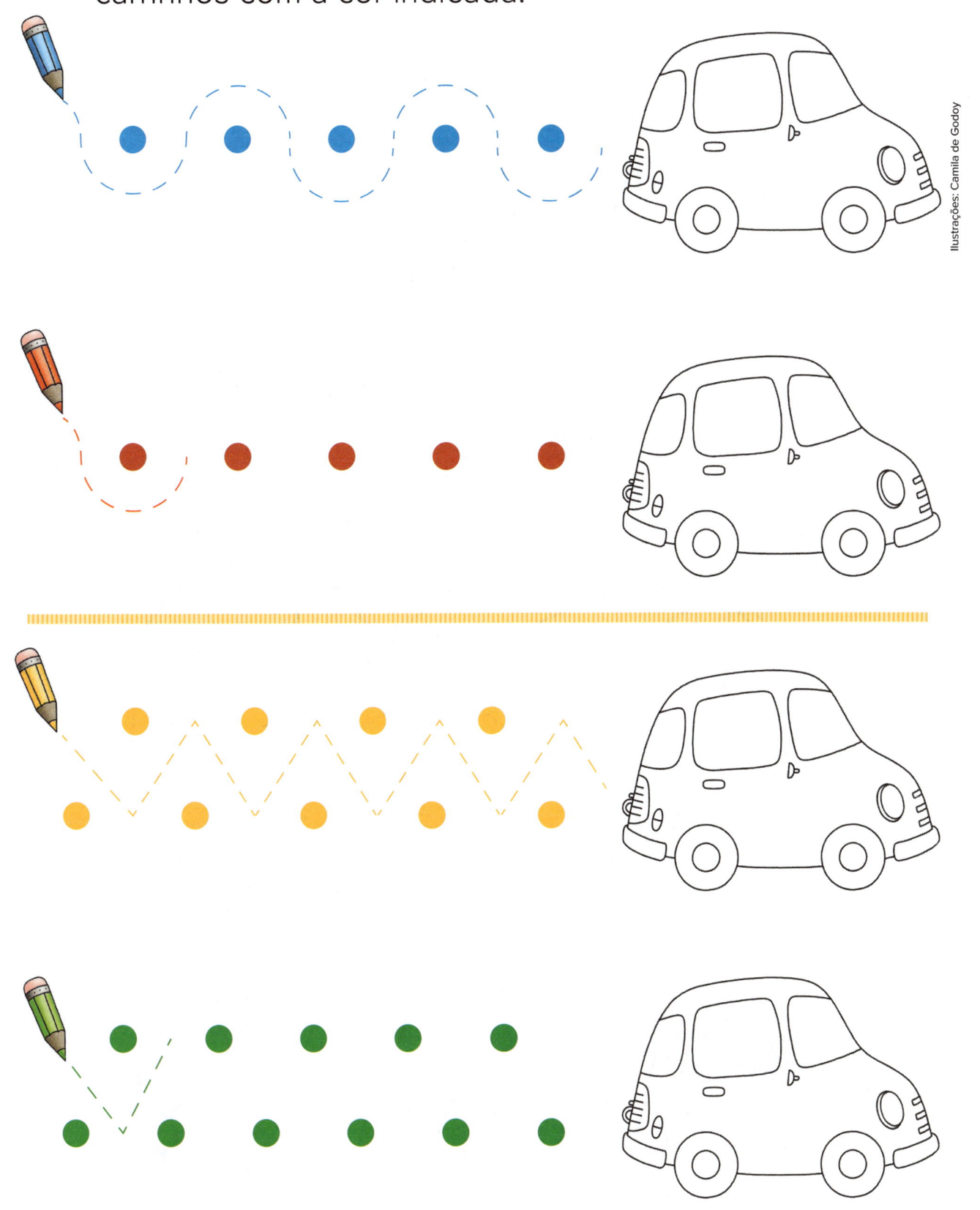

- Observe bem o palhaço Pipoca e encontre as coisas que pertencem a ele na figura emaranhada. Depois, pinte-as usando as mesmas cores da ilustração.

Ilustrações: Camila de Godoy

- Observe o gatinho do quadro e complete os outros para que fiquem todos iguais.

*O gato bebeu o leitinho*
*E manhoso dormiu num cantinho.*

Rima especialmente criada para esta obra.

Ilustrações: Carolina Sartório

- Circule a resposta.

### O que é, o que é?

Tem chapéu, mas não tem cabeça,
Tem bico, mas não belisca,
Tem asa, mas não voa.

Adivinha.

Ilustrações: Carolina Sartório

- Faça um **X** na resposta.

### O que é, o que é?

Tem espinha, mas não é peixe,
Tem coroa, mas não é rei.

Adivinha.

- Cubra os fios e o tracejado. Depois, desenhe o voo dos outros aviõezinhos.

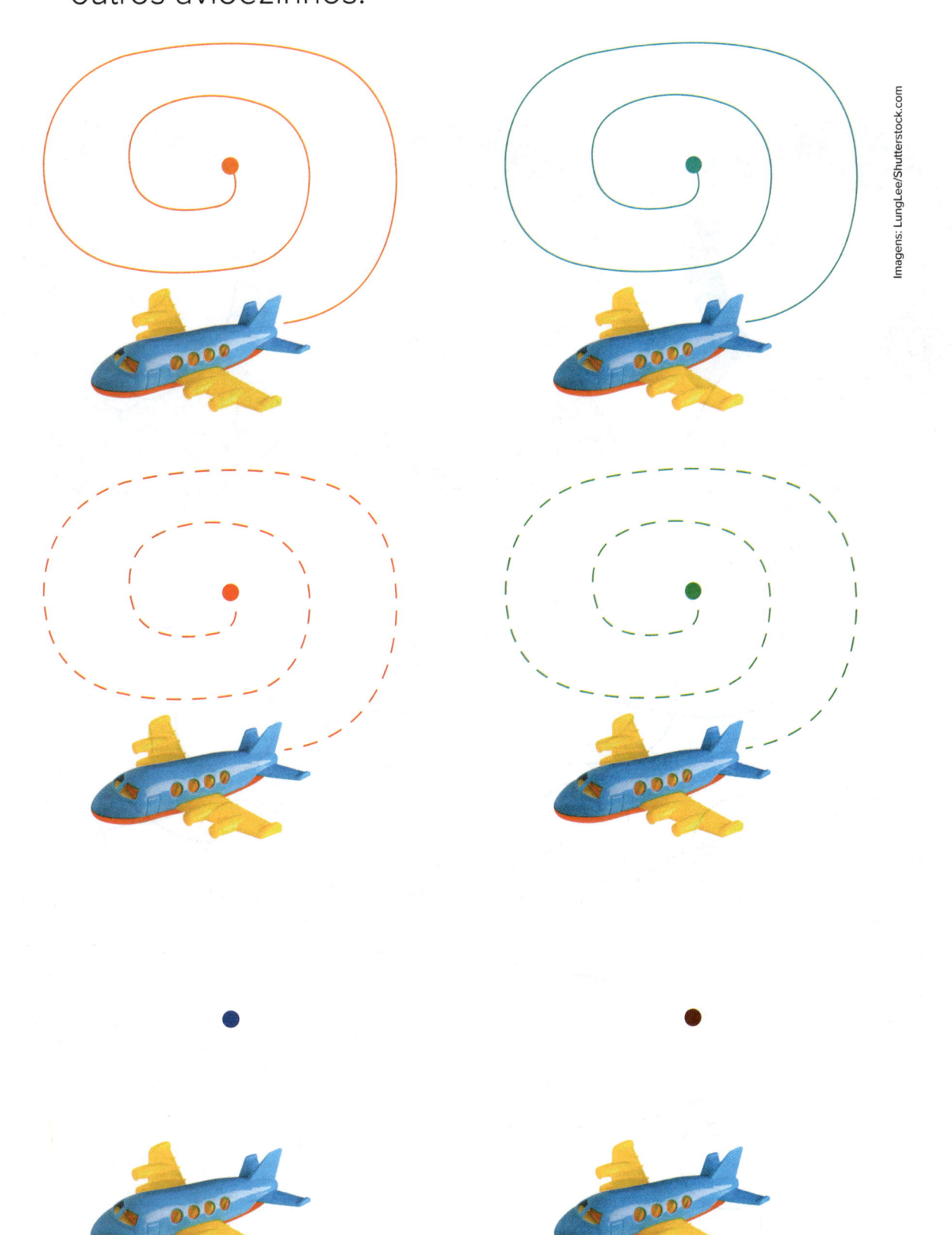

- Continue a pintar as contas dos colares seguindo cada cordão.

- Pinte os espaços em que há pontinhos usando a cor indicada.

## O sapo no saco

Olha o sapo dentro do saco,
o saco com o sapo dentro,
o sapo batendo papo
e o papo soltando vento.

Trava-língua.

Silvana Rando

# Vogais minúsculas

- Pinte a figura e cubra o tracejado da vogal que inicia o nome dela. Depois, continue a escrita na pauta.

a • a • a • a • a

avião

a  a

e • e • e • e • e

elefante

e  e

i • i • i • i • i

ilha

i  i

ovelha

urubu

- Escute a quadrinha e, depois, pinte as vogais minúsculas que aparecem nela.

Viu as 5 letrinhas?
Elas não são iguais.
Cada uma tem um som
E são chamadas de vogais.

Quadrinha criada especialmente para esta obra.

# Vogais maiúsculas

- Circule a letra inicial do nome de cada criança. Depois, cubra com capricho o tracejado dela.

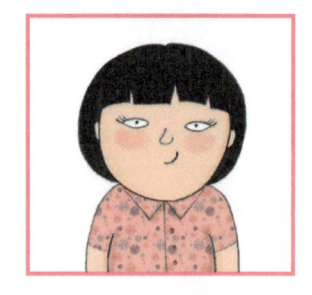

Alice   A A A A A

Eva   E E E E E

Igor   I I I I I

Olívia   O O O O O

Ugo   U U U U U

- Cubra a vogal minúscula e, na outra metade da flor, escreva a maiúscula correspondente. Depois, pinte as pétalas das flores.

- Agora, escreva as vogais maiúsculas nas pautas.

A  E  I  O  U

# Juntando as vogais

- Cubra os tracejados e, depois, escreva as palavras nas pautas.

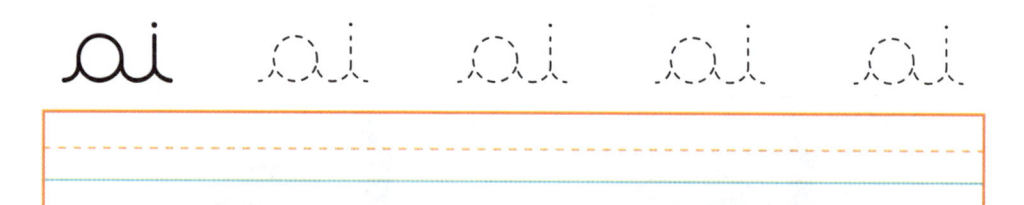

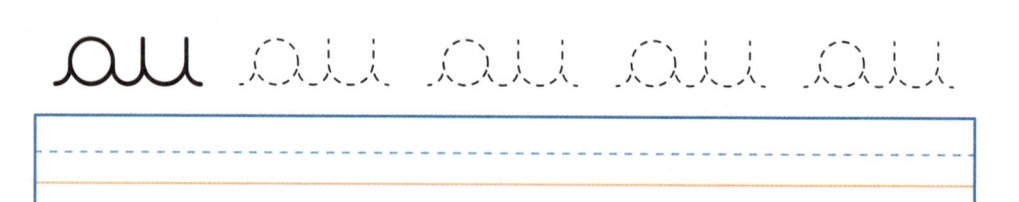

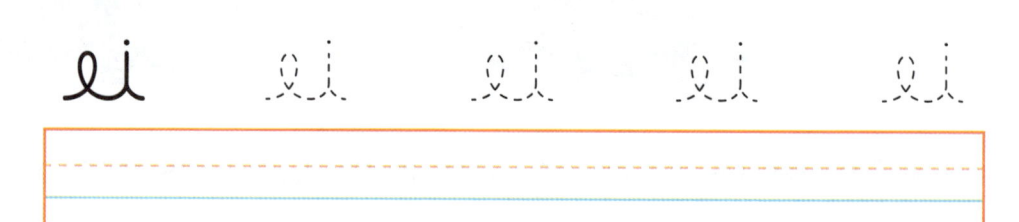

ai   ai   ai   ai   ai

au   au   au   au   au

ei   ei   ei   ei   ei

eu   eu   eu   eu   eu

oi oi oi oi oi

ui ui ui ui ui

- Leia as palavras a seguir. Depois, cubra os tracejados e escreva-as nas pautas.

ia ia ia ia ia

ou ou ou ou ou

uai uai uai uai uai

# Consoantes

- Cubra e transcreva as consoantes maiúsculas e minúsculas.

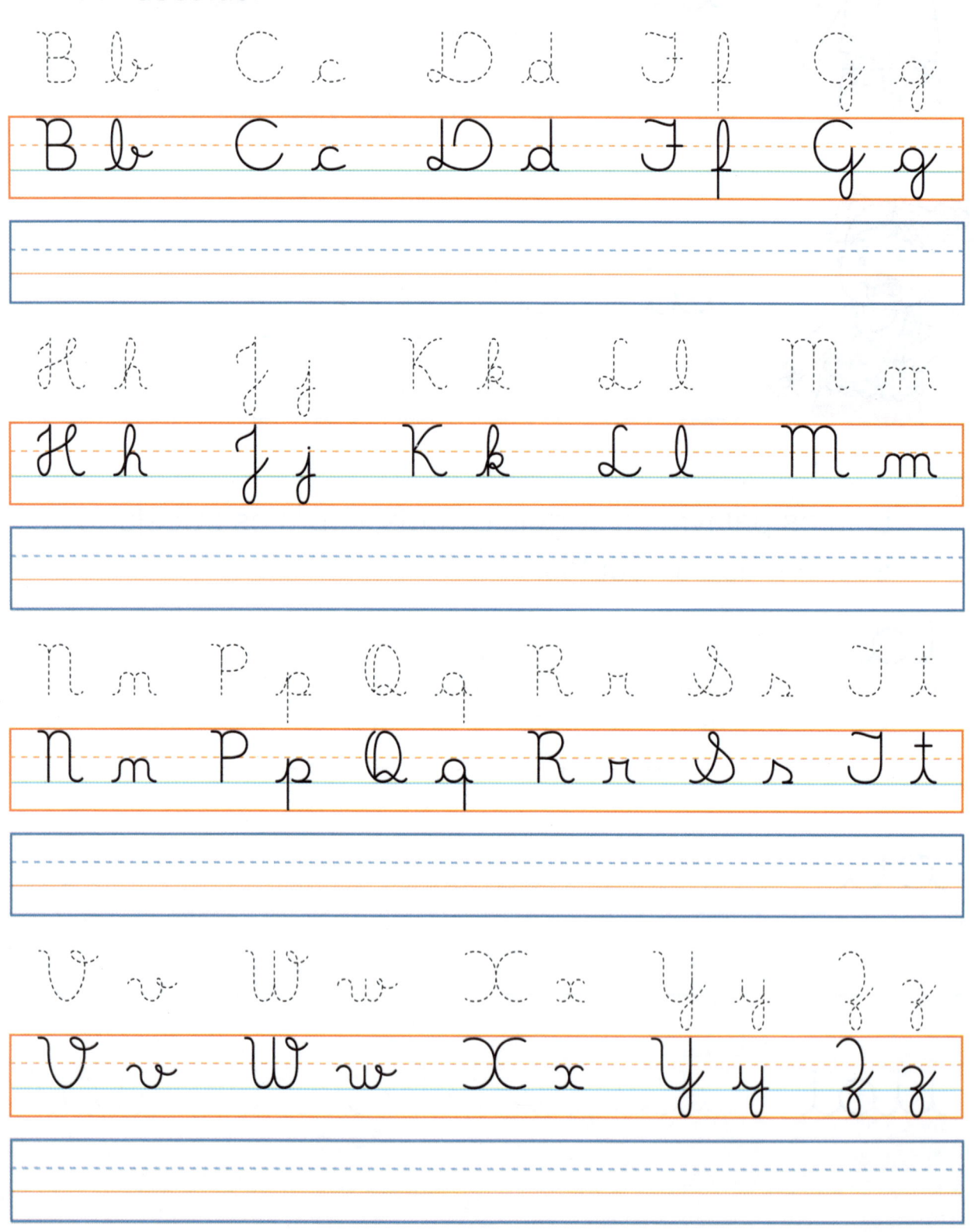

Bb Cc Dd Ff Gg

Hh Jj Kk Ll Mm

Nn Pp Qq Rr Ss Tt

Vv Ww Xx Yy Zz

- Circule no texto as palavras que se iniciam com consoante. Depois, faça um bonito desenho para representar o texto.

Bem que a lua estava certa
Na canção de esperança.
É bom nascer com as manhãs,
Como fazem as crianças.

Neusa Sorrenti. *Lua cheia de poesia*. 2. ed. São Paulo: Editora do Brasil, 2010. p. 23.

# Alfabeto

- Cubra com lápis azul as letras da rota que segue a ordem alfabética para levar a mamãe girafa até o filhote. Depois, cubra as outras letras com lápis verde.

24

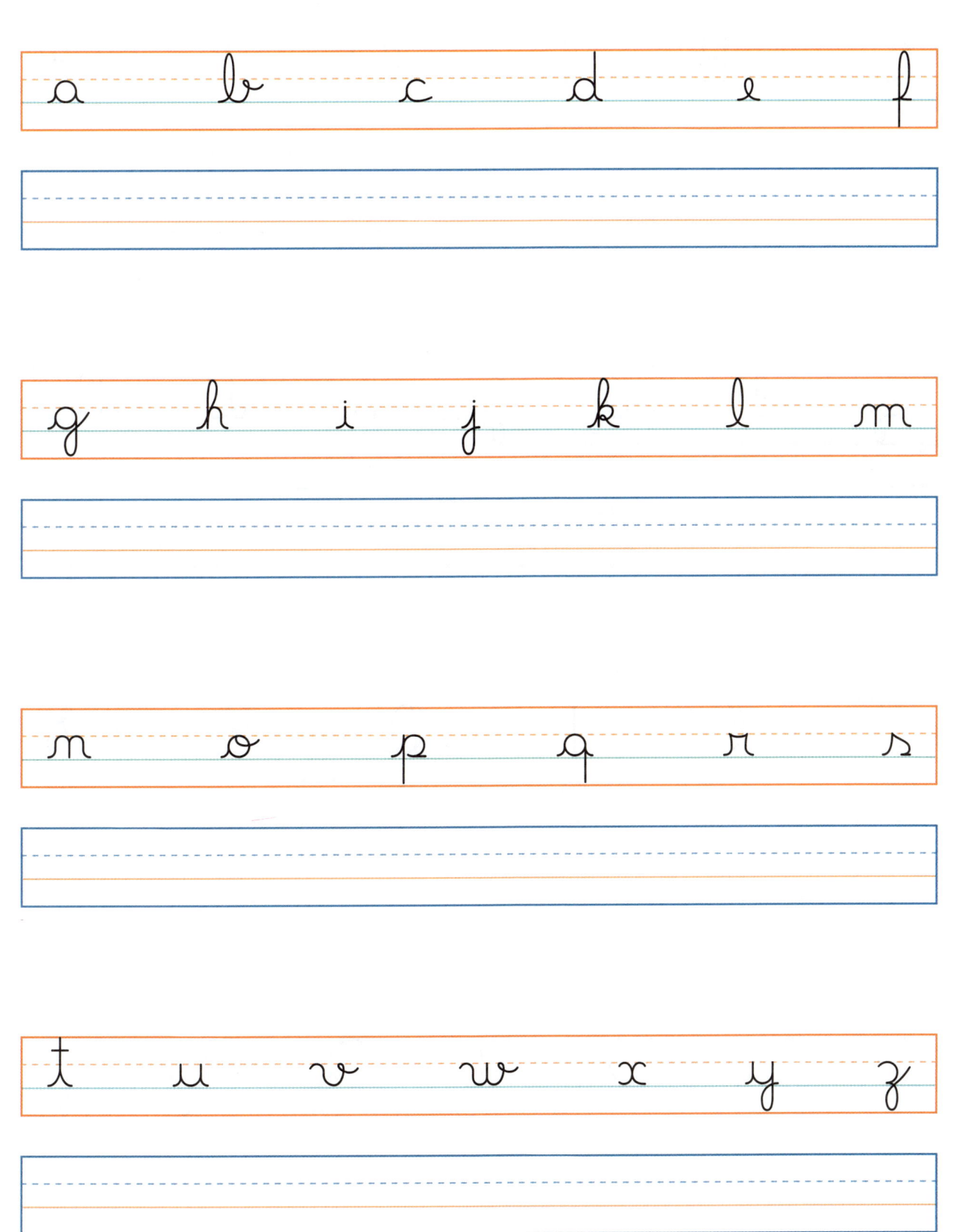

- Observe o alfabeto minúsculo e escreva-o com capricho nas pautas.

a b c d e f

g h i j k l m

n o p q r s

t u v w x y z

- **Observe o alfabeto maiúsculo e escreva-o com capricho.**

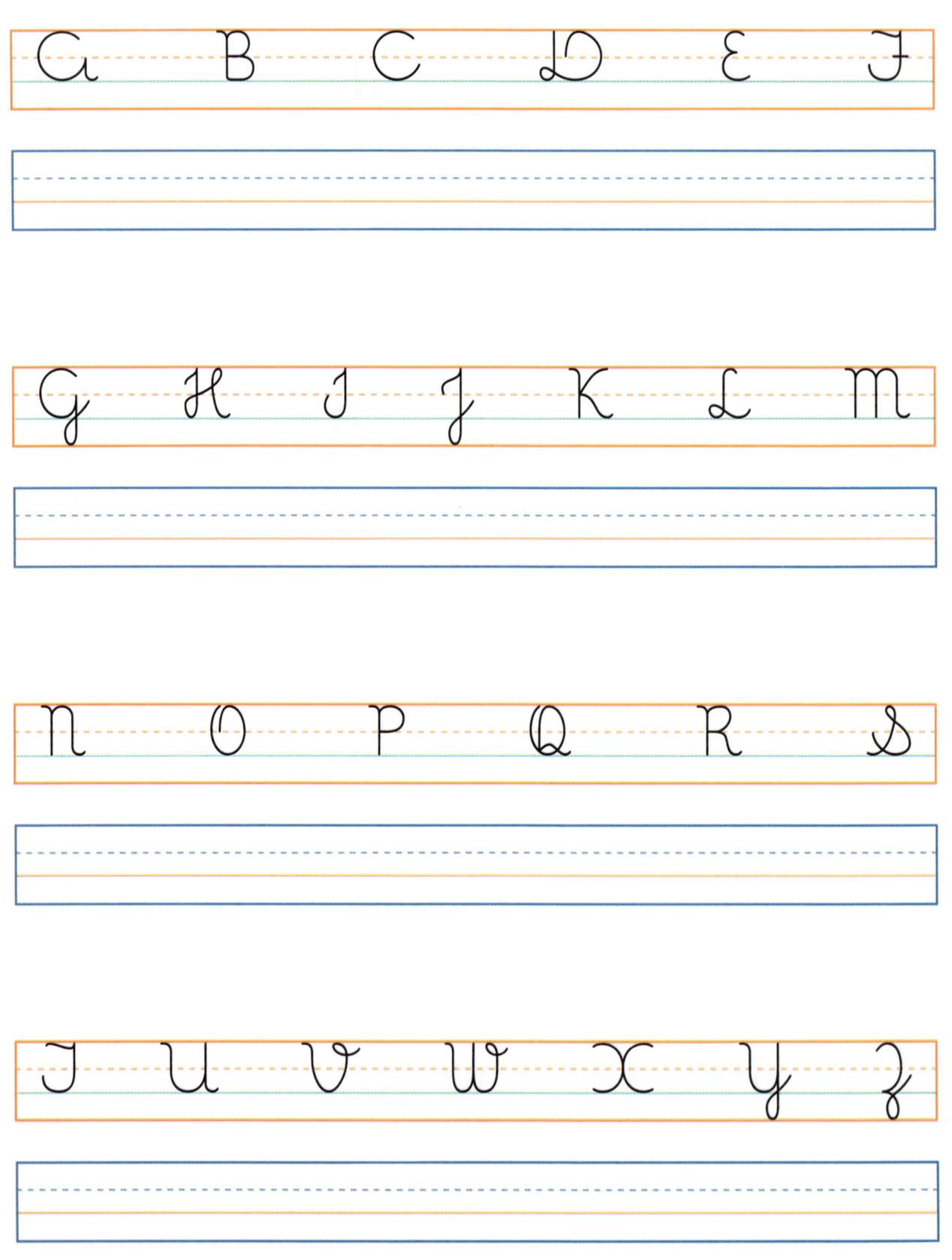

$\mathcal{A} \quad \mathcal{B} \quad \mathcal{C} \quad \mathcal{D} \quad \mathcal{E} \quad \mathcal{F}$

$\mathcal{G} \quad \mathcal{H} \quad \mathcal{I} \quad \mathcal{J} \quad \mathcal{K} \quad \mathcal{L} \quad \mathcal{M}$

$\mathcal{N} \quad \mathcal{O} \quad \mathcal{P} \quad \mathcal{Q} \quad \mathcal{R} \quad \mathcal{S}$

$\mathcal{T} \quad \mathcal{U} \quad \mathcal{V} \quad \mathcal{W} \quad \mathcal{X} \quad \mathcal{Y} \quad \mathcal{Z}$

# Família das consoantes

- Ilustre as palavras e escreva a família da primeira consoante.

ba be bi bo bu

bola

ca ce ci co cu

casa

da de di do du

dedo

fa fe fi fo fu

faca

ga ge gi go gu

gato

ha he hi ho hu

homem

ja  je  ji  jo  ju

janela

la  le  li  lo  lu

limão

ma  me  mi  mo  mu

maçã

ma me mi mo mu

navio

pa pe pi po pu

pipoca

qua que qui quo

quadro

ra re ri ro ru

roda

sa se si so su

saco

ta te ti to tu

tomate

31

va ve vi vo vu

vela

xa xe xi xo xu

xícara

za ze zi zo zu

zebra

# Formando palavras

- Ordene as letras que estão dentro de cada silhueta e, depois, escreva duas vezes o nome de cada animal.

• Circule as sílabas que formam cada palavra colorida. Depois, escreva a palavra na pauta correspondente.

si
lo     sa
**salada**
de     la
   da

pa
ta     to
**palito**
li     pi
   lo

   bo
bu     ba
**banana**
na     ne
   na

   ja
ma     je
**janela**
ne     li
   la

- Cubra as palavras tracejadas e circule somente as que são iguais ao modelo. Depois, transcreva as palavras nas pautas.

pipoca

pipoca

picolé

pipoca

picolé

Paulo

pipoca

Paulo

picolé

| Paulo | pipoca | picolé |

- Cubra os tracejados e faça uma linha com o lápis de cor onde você acha que deveria haver um espaço entre as palavras. Depois, transcreva as palavras nas pautas e pinte as figuras.

meia limão avião sopa

janela banana botão peixe

- Cubra as palavras. Depois, encontre e circule a sílaba que se repete em cada fileira.

gato   tomate   rato   pato

bola   rabo   bota   lobo

caju   vaca   boca   casa

- Junte as sílabas das palavras e reescreva-as nas pautas.

bo-ne-ca

bo-la

a-vi-ão

pe-te-ca

- Agora, separe as sílabas das palavras nas pautas.

vaca

cavalo

macaco

gato

# Treino ortográfico

## M antes de p e b e no **final** de palavras

- Cubra e leia as palavras tracejadas. Faça um **X** nas que são diferentes da palavra-modelo. Depois, reescreva a palavra-modelo na pauta.

*campo*  capim  campo  cupim

*bomba*  bom  samba  bomba

*atum*  atum  jejum  bumbum

*tempo*  tampa  tempo  gambá

- Leia em voz alta, cubra o tracejado e separe as sílabas de cada palavra. Depois, pinte as figuras.

bambolê

nuvem

xampu

bombom

## N antes das demais consoantes

- Cubra o tracejado. Procure e circule em cada fileira a palavra igual à colorida e transcreva-a na pauta.

**elefante**     canto     ponte     elefante

**pente**     dente     pente     gente

**tinta**     tinta     pinta     linda

**ponte**     fonte     ponte     conta

- Leia o poema rimado e circule as palavras que terminam da mesma forma.

*O elefante sorridente
leva a vida bem contente
e contagia toda gente.*

Texto escrito especialmente para esta obra.

- Leve o elefante para se refrescar do calor seguindo o tracejado com capricho.

elefante

# Palavras com r entre vogais

- Conheça e leia as palavras a seguir. Cubra-as e reescreva-as duas vezes. Depois, faça um desenho para representá-las.

pera   pera

pirata   pirata

coroa   coroa

pirulito   pirulito

- Cubra as palavras e leia o texto.

## Jacaré

Jacaré do Pantanal
Tem medo do coureiro
Que quer arrancar seu couro
Só pra ganhar dinheiro.

Luiz Roberto Guedes. *Planeta Bicho: um almanaque animal!* São Paulo: Formato Editorial, 2011. p. 13.

- Observe atentamente o que falta no jacaré e escreva dentro de cada círculo o número da parte correspondente.

1  2  3  4  5

## Palavras com rr

- Uma palavra de cada frase está ilustrada. Circule-a com lápis de cor e separe as sílabas dela na pauta. Depois, pinte as figuras.

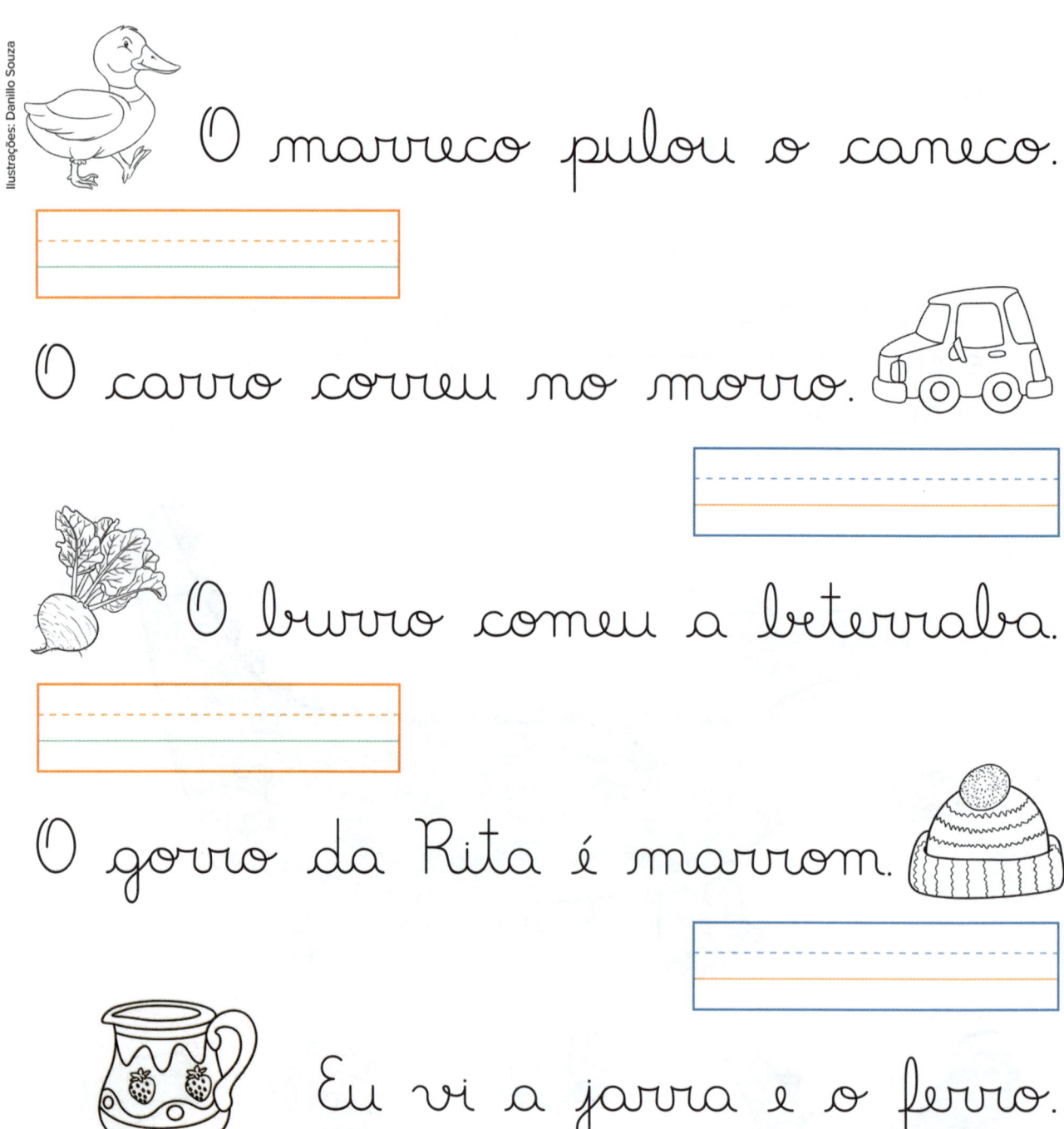

O marreco pulou o caneco.

O carro correu no morro.

O burro comeu a beterraba.

O gorro da Rita é marrom.

Eu vi a jarra e o ferro.

- Leia e escreva a parlenda nas pautas.

*Serra, serra, serrador.*

*Serra madeira*

*do teu senhor.*

Parlenda.

- Cubra o tracejado e desenhe o que falta para completar os outros serrotes.

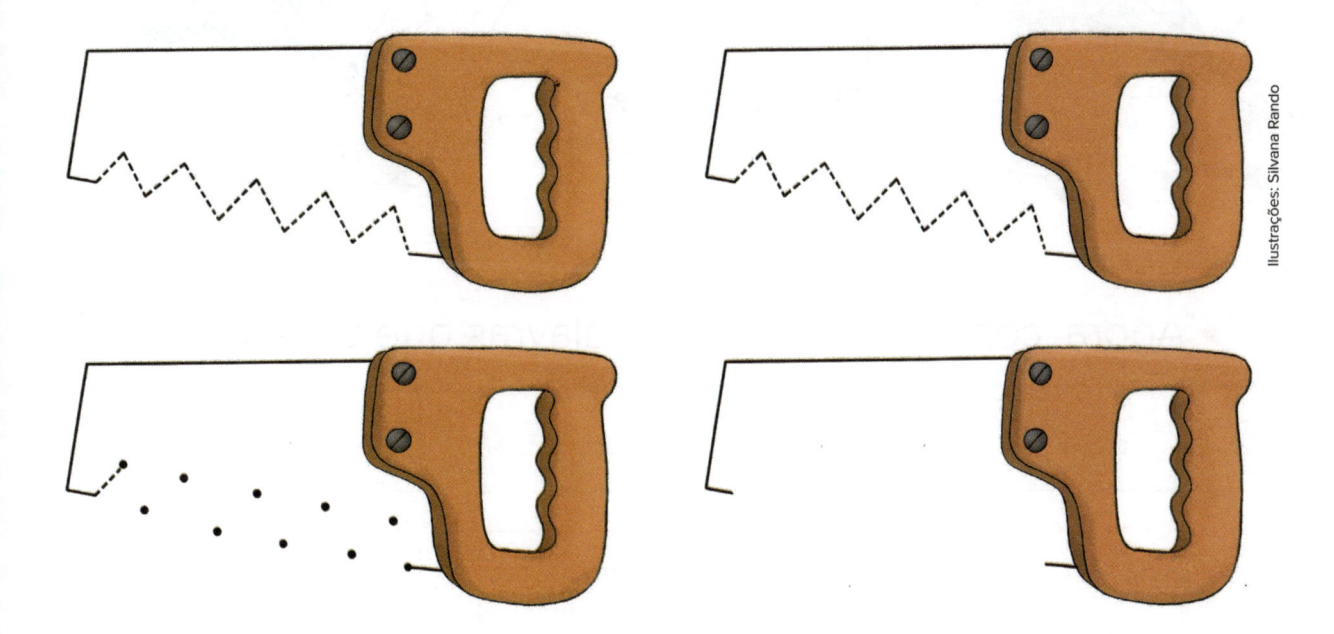

47

# Palavras com s entre vogais

- Cubra a palavra que aparece dentro de cada besouro. Depois, pinte de **amarelo** somente as que têm ♪ entre as vogais.

- Agora, copie nas pautas as palavras que você pintou.

- Cubra com capricho as palavras tracejadas. Depois, leia o texto.

Um besouro, desajeitado,
Caiu do lado errado.
Balançou o seu corpo pesado
Pra lá e pra cá,
Até ficar enjoado.
Coitado!

Denise Rochael. *Proibido para maiores*.
São Paulo: Formato Editorial, 2010. p. 6.

- Agora, desenhe e pinte o besouro.

# Palavras com ss

- Leia as palavras, cubra o tracejado e separe as sílabas.

massa

osso

pêssego

gesso

- Leia e escreva o texto nas pautas.

Engaiolado, o pássaro

não deixa de cantar.

Coitado!

Só por isso ele fica lá?

Texto escrito especialmente para esta obra.

- Complete o desenho do pássaro com lápis azul.

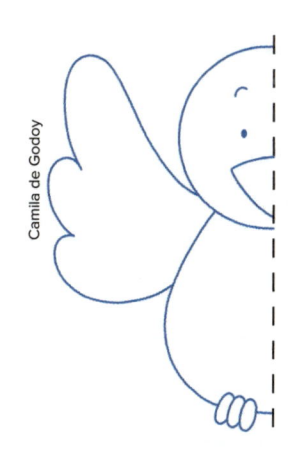

# Palavras com ce – ci

- Conheça e leia as palavras a seguir. Cubra-as e reescreva-as duas vezes. Depois, faça um desenho para representá-las.

saci

cenoura

cereja

bacia

- Cubra, leia e circule as palavras de acordo com a legenda.

( ce )  ( ci )

cebola

velocípede

alface

cinema

cigana

cigarra

cegonha   capacete

- Agora, escolha duas das palavras acima e escreva uma frase para cada uma.

53

# Palavras com ç

> A cedilha é usada na letra **c** antes de **a**, **o**, **u**.
> Exemplos: carroça, poço, fumaça.

- Complete o diagrama de palavras.

- Agora, encontre as palavras no diagrama abaixo e pinte-as.

| m | u | i | m | o | ç | a |
|---|---|---|---|---|---|---|
| l | a | ç | o | r | p | x |
| s | e | m | a | ç | ã | h |

- Cubra as palavras e leia o texto.

A preguiça veio de óculos.
A ema, de colete no pescoço.
Nem por isso na escola,
alguém faz alvoroço.

Ellen Pestili. *Igual ou diferente, depende do olhar da gente*. São Paulo: Editora do Brasil, 2016. p. 18-19.

- Cubra os caminhos tracejados.

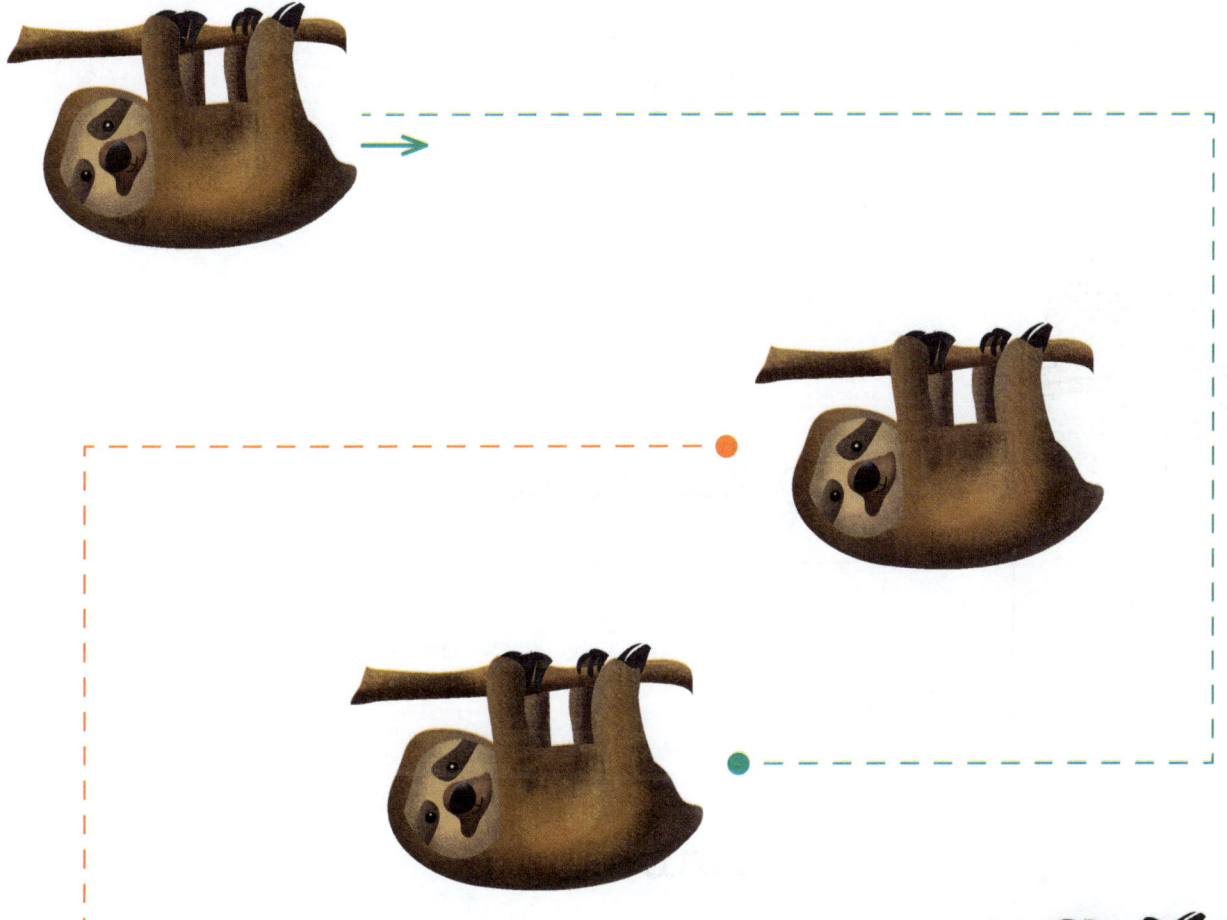

# Palavras com ge – gi

- Leia, cubra e reescreva as palavras. Depois, pinte as figuras.

girafa

girafa

gelatina

gelatina

geladeira

geladeira

girino

girino

- Cubra as palavras, leia o texto e pinte a girafa.

A girafa vê o mundo,
O pescoço lá no alto.
Olha sobre a geladeira,
Nem precisa subir no salto.

Texto escrito especialmente para esta obra.

Carolina Sartório

# Palavras com gua – gue – gui

> Na separação de sílabas, **gua**, **gue** e **gui** ficam juntos.
> Exemplo: gua-ra-ná.

- Leia as palavras, cubra os tracejados e separe as sílabas.

foguete

água

guizo

guitarra

- Leia e escreva o texto nas pautas.

*Guadalupe guardou a lupa*

*e o guardanapo*

*no guarda-treco.*

Texto escrito especialmente para esta obra.

- Agora, desenhe Guadalupe, a lupa, o guardanapo e o guarda-treco.

# Palavras com nh

- Observe cada imagem, desembaralhe as letras, escreva a palavra encontrada e separe as sílabas.

- Cubra as palavras e leia o texto.

## Porco-espinho

Será que o porco-espinho
Gostaria de um carinho?

Você não vai saber isso
Sem espetar seu dedinho.

Luiz Roberto Guedes. *Planeta bicho: um almanaque animal!* São Paulo: Formato Editorial, 2011. p. 20.

- Continue desenhando os espinhos do bichinho.

## Palavras com lh

- Uma palavra de cada frase está ilustrada. Circule-a com lápis de cor e separe as sílabas dela na pauta. Depois, pinte as figuras.

O coelho comeu repolho.

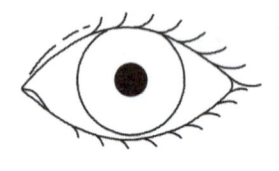

A folha é filha do galho.

O palhaço piscou o olho.

A ovelha olha a abelha.

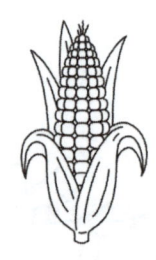

O milho ficou velho.

- Cubra e leia a quadrinha.

Uma velha muito velha,
Mais velha que o meu chapéu,
Foi pedida em casamento,
Levantou as mãos pro céu

Quadrinha.

- Agora, desenhe o casamento da velhinha.

# Palavras com ch

- Cubra a sílaba que está dentro de cada peça. Em seguida, descubra as peças que se encaixam formando palavras e pinte-as com a mesma cor.

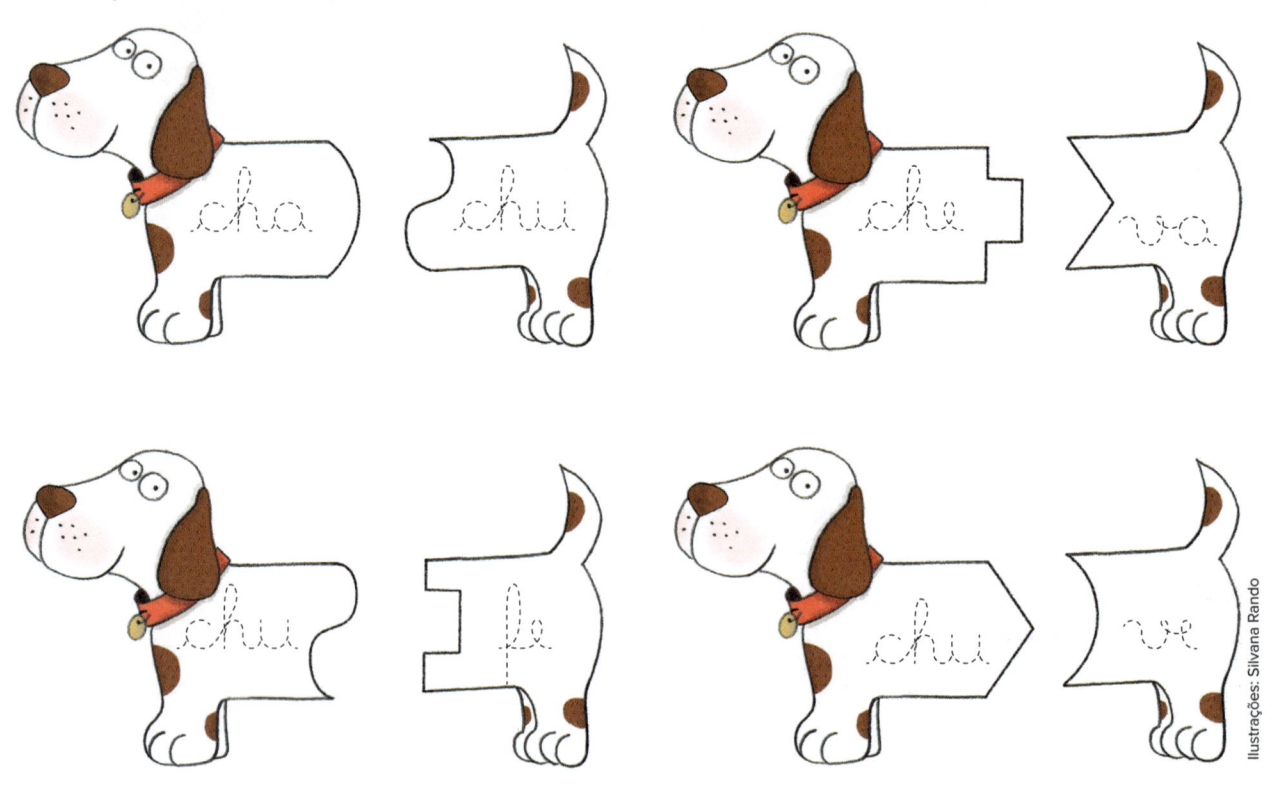

cha — chu

che — va

chu — fé

chu — ve

- Agora, escreva duas vezes cada palavra formada.

- Leia e escreva o texto nas pautas.

Mãe, deixa eu sair na chuva,

quero ir lá fora brincar.

Senão vai chover em casa

de tanto que eu vou chorar!

Pedro Bandeira. Brincando na chuva. *In: Por enquanto eu sou pequeno*. 2. ed. São Paulo: Moderna, 2002. p. 28.

- Encontre os itens escondidos na cena e marque-os com **X**.

# Palavras com **qua** – **que** – **qui**

- Cubra as letras que estão nas contas. Depois, observe a cor de cada cordão, junte as letras e descubra uma palavra em cada colar.

- Escreva nas pautas as palavras que você encontrou.

- Cubra as palavras e leia o texto.

# Quati

Quati por aqui
Quase não se vê.
Amigo quati,
Onde está você?

Nílson José Machado. *Bichionário*. 5. ed. São Paulo: Escrituras Editora, 2010. p. 34.

- Observe a foto e desenhe um quati dentro do quadro.

# Palavras com ar – er – ir – or – ur

- Descubra no diagrama os nomes das figuras a seguir e circule-os. Depois, escreva no lugar certo as palavras que você encontrou.

| b | a | r | c | o |
|---|---|---|---|---|
| s | o | r | v | e | t | e |
| e | r | u | r | s | o |
| m | a | r | t | e | l | o |

- Cubra e leia o texto.

## Formiguinha

Ó minha formiguinha,
Deixa essa palhinha.
Procura migalhinha,
Que é melhor comidinha!

Qorpo Santo.

- Com o dedo, descubra qual formiguinha vai conseguir chegar até a comidinha. Depois, marque-a com **X** e leve-a à comidinha traçando uma linha sem encostar nos limites.

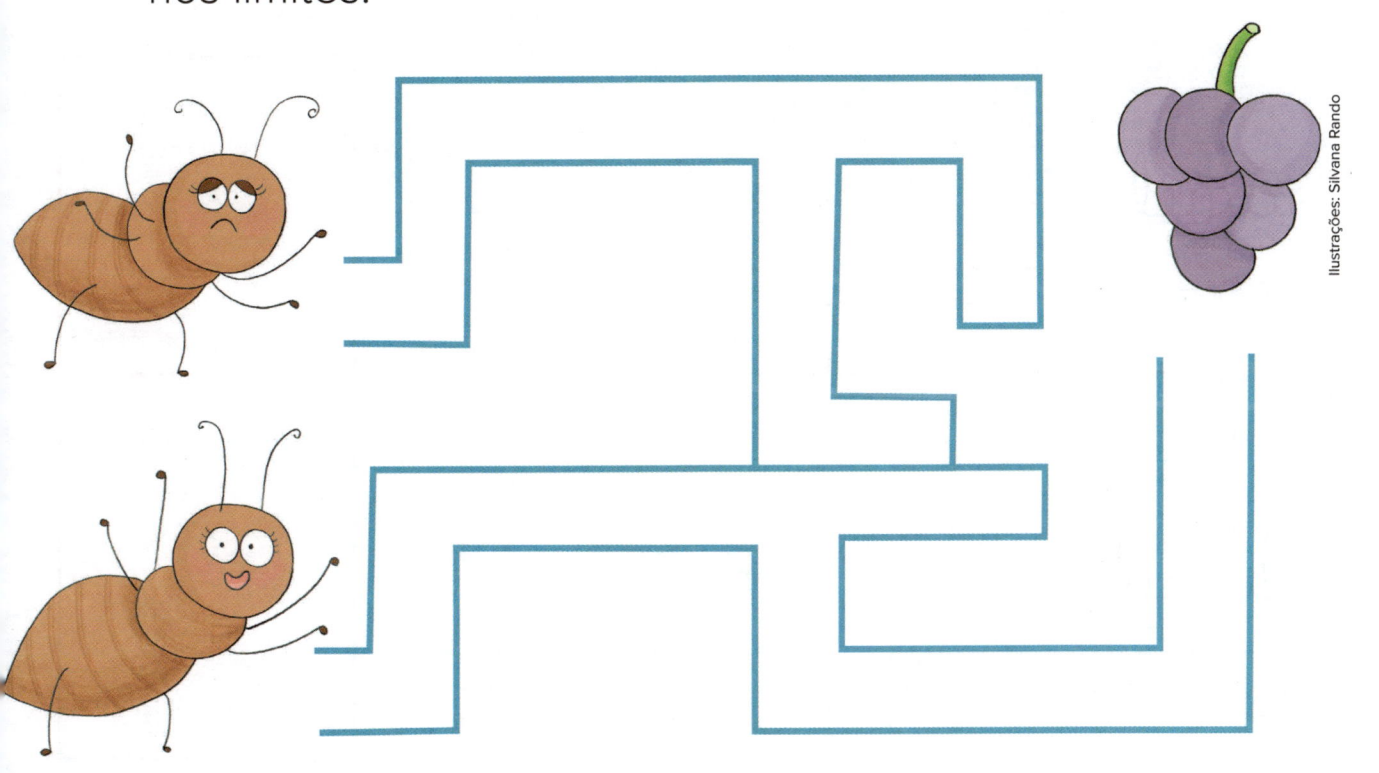

# Palavras com al – el – il – ol – ul

- Conheça e leia as palavras a seguir. Cubra-as e escreva-as duas vezes. Depois, faça um desenho para representá-las.

Sol

balde

anel

funil

- Leia a cantiga e copie-a.

Marcha, soldado,

Cabeça de papel.

Se não marchar direito

Vai preso pro quartel.

Cantiga.

- Complete as imagens 1 e 2 para formar os soldados.

# Palavras com as – es – is – os – us

- Observe cada imagem, desembaralhe as letras, escreva a palavra encontrada e separe as sílabas.

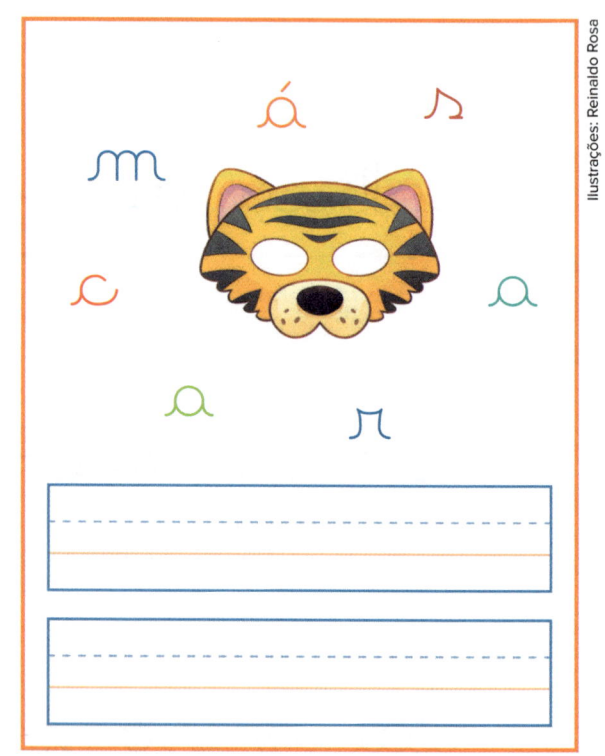

- Cubra as palavras e leia o texto com um colega.

Um mosquito
Sem graça
Parece que, de pirraça, [...]
Vem e me dá um
encontrão.
— Ei, seu mosquito,
Você é muito esquisito!
Para de chamar a atenção!

Denise Rochael. *Proibido para maiores*. São Paulo: Formato Editorial, 2010. p. 19.

- Cubra o movimento do voo sem sair das linhas. Depois, pinte o mosquito esquisito.

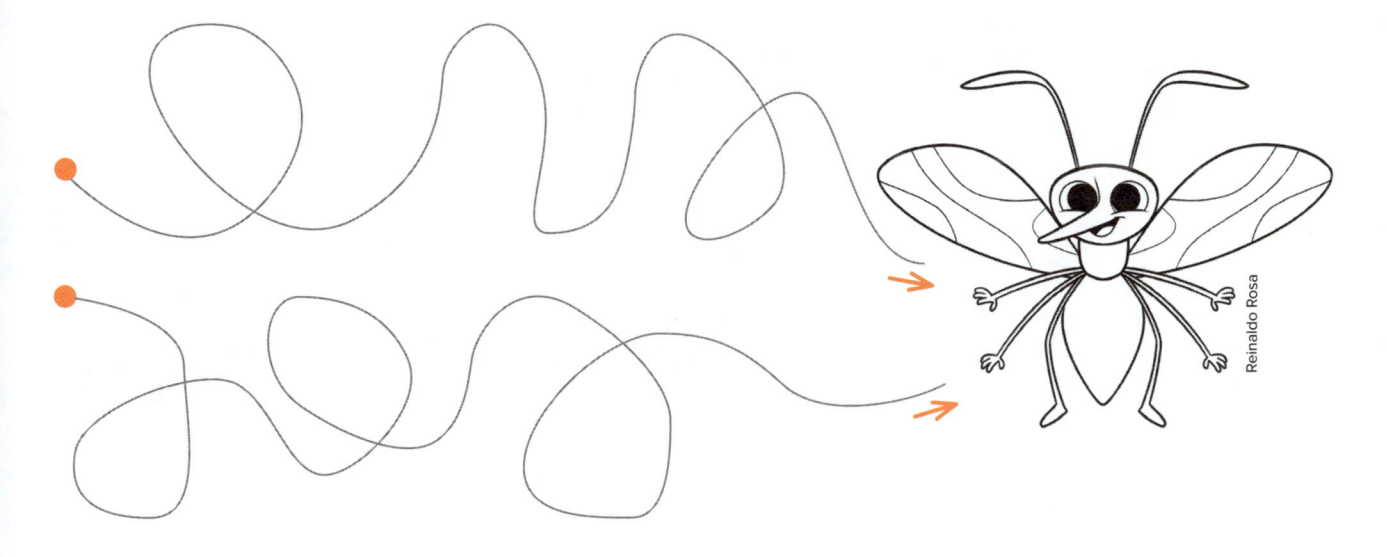

# Palavras com az – ez – iz – oz – uz

- Uma palavra de cada frase está ilustrada. Circule-a com lápis de cor e escreva-a na pauta. Depois, pinte as figuras.

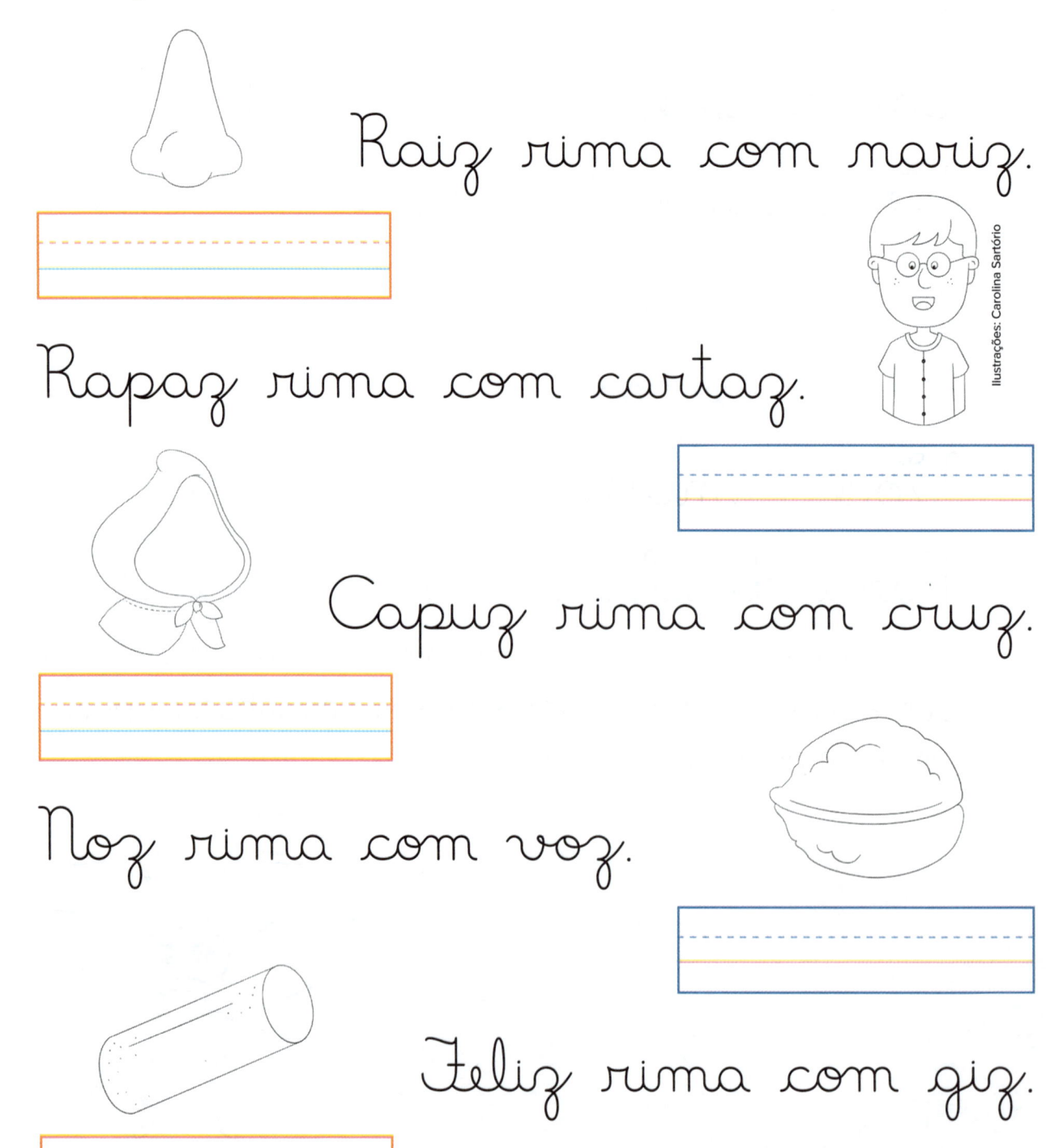

Raiz rima com nariz.

Rapaz rima com cartaz.

Capuz rima com cruz.

Noz rima com voz.

Feliz rima com giz.

- Cubra e leia o texto.

## Um poema para o nariz

[...]

Não seja sapeca.
Limpa bem o nariz,
Acabe com a meleca
E respire mais feliz!

Lalau. *Hipopótamo, batata frita, nariz: tudo deixa um poeta feliz!* São Paulo: DCL, 2009. p. 13.

- Observe o nariz do boneco com chapéu rosa. Depois, desenhe um nariz menor em um boneco e um nariz maior no outro.

Ilustrações: Lorena Kaz

# Palavras com r intercalado

- Descubra no diagrama os nomes das figuras a seguir e circule-os. Depois, escreva no lugar certo as palavras que você encontrou.

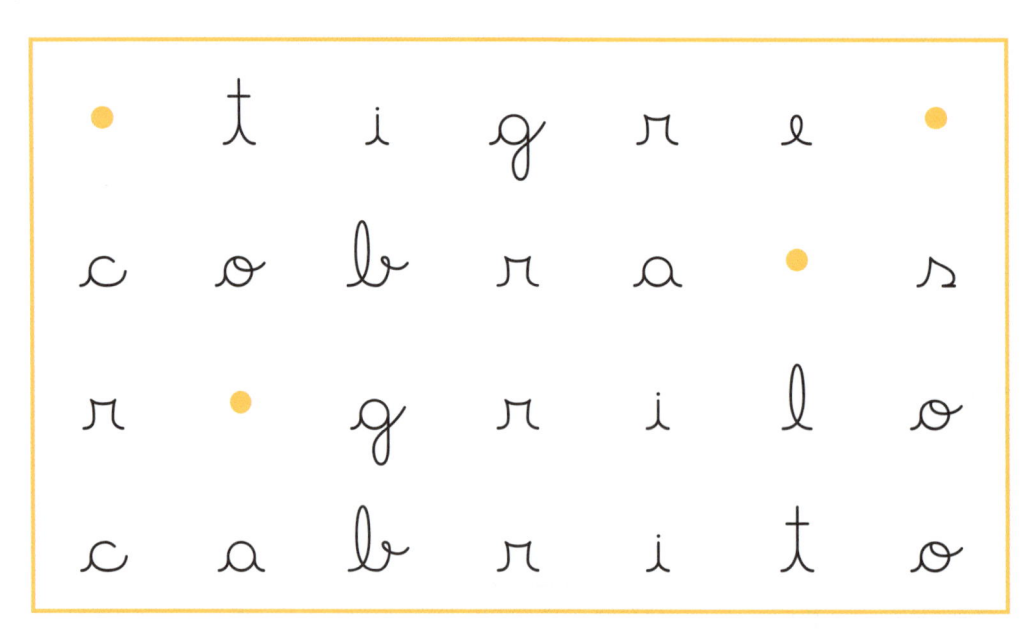

| t | i | g | r | e |   |
|---|---|---|---|---|---|
| c | o | b | r | a | s |
| r |   | g | r | i | l o |
| c | a | b | r | i | t o |

- Leia e escreva o texto nas pautas.

A zebra é branca com

listras pretas ou preta

com listras brancas?

*Vamos aprender formas e cores.* Curitiba: Libris, 2013. p. 17.

- Observe a mamãe zebra e desenhe o que falta nos filhotes.

# Palavras com l intercalado

- Conheça e leia as palavras a seguir. Cubra-as e escreva-as duas vezes. Depois, faça um desenho para representá-las.

*flor*   *flor*

*neblina*   *neblina*

*bicicleta*   *bicicleta*

*atleta*   *atleta*

- Cubra as palavras e leia o texto.

O meu beija-flor dourado,
Dos matos e das campinas,
Leva um punhado de beijos
Para as mais belas meninas.

Edméia Faria. *Minhas andorinhas*. Belo Horizonte: Miguilim, 2000. p. 6.

- Observe a foto e pinte o beija-flor.

# Palavras com x

- Observe cada imagem, desembaralhe as letras e escreva duas vezes a palavra encontrada.

## x com som de z

## x com som de ch

## x com som de s

## x com som de cs

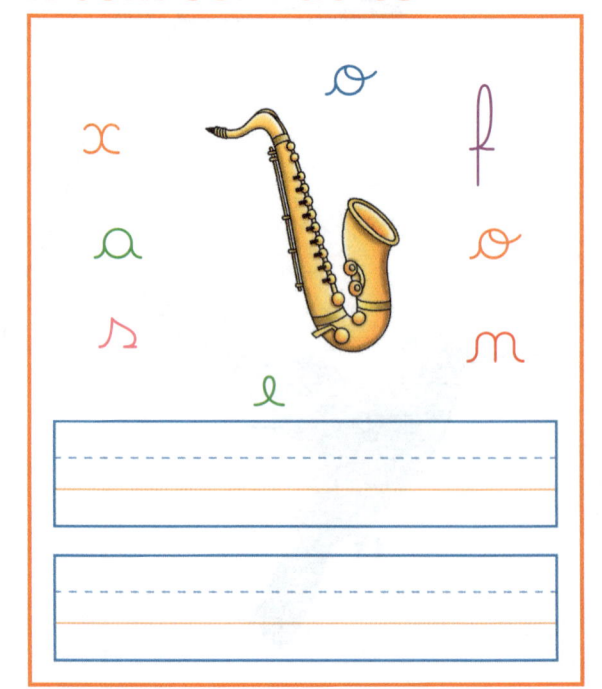

- Cubra e leia o texto.

## Peixe-boi

Vou falar do peixe-boi,
Grande, fofo e comilão
Que tem o nome de peixe,
Mas não é um peixe não.

César Obeid e Guataçara Monteiro. *Cores da Amazônia: frutas e bichos da floresta*. São Paulo: Editora do Brasil, 2015.

- Observe atentamente as partes que faltam no peixe-boi e escreva dentro de cada círculo o número correspondente.

# Para brincar com as cantigas

- Cubra com capricho o trecho da música *A gatinha parda*. Depois, cante-a de maneira bem bonita com os colegas e o professor.

## A gatinha parda

A minha gatinha parda,
em janeiro me fugiu...
Quem pegou minha gatinha,
você sabe, você sabe, você viu?

Cantiga.

- **Cubra com capricho a cantiga. Depois, desenhe mais peixinhos enquanto canta.**

## Quem me ensinou a nadar

Quem me ensinou a nadar,
Quem me ensinou a nadar
Foi, foi, marinheiro,
Foi os peixinhos do mar.
Foi, foi, marinheiro,
Foi os peixinhos do mar.

Cantiga.

- Copie a parlenda *A galinha do vizinho*. Depois, cante-a com toda a turma.

*A galinha do vizinho*

A galinha do vizinho

bota ovo amarelinho

Bota um, bota dois, bota três,

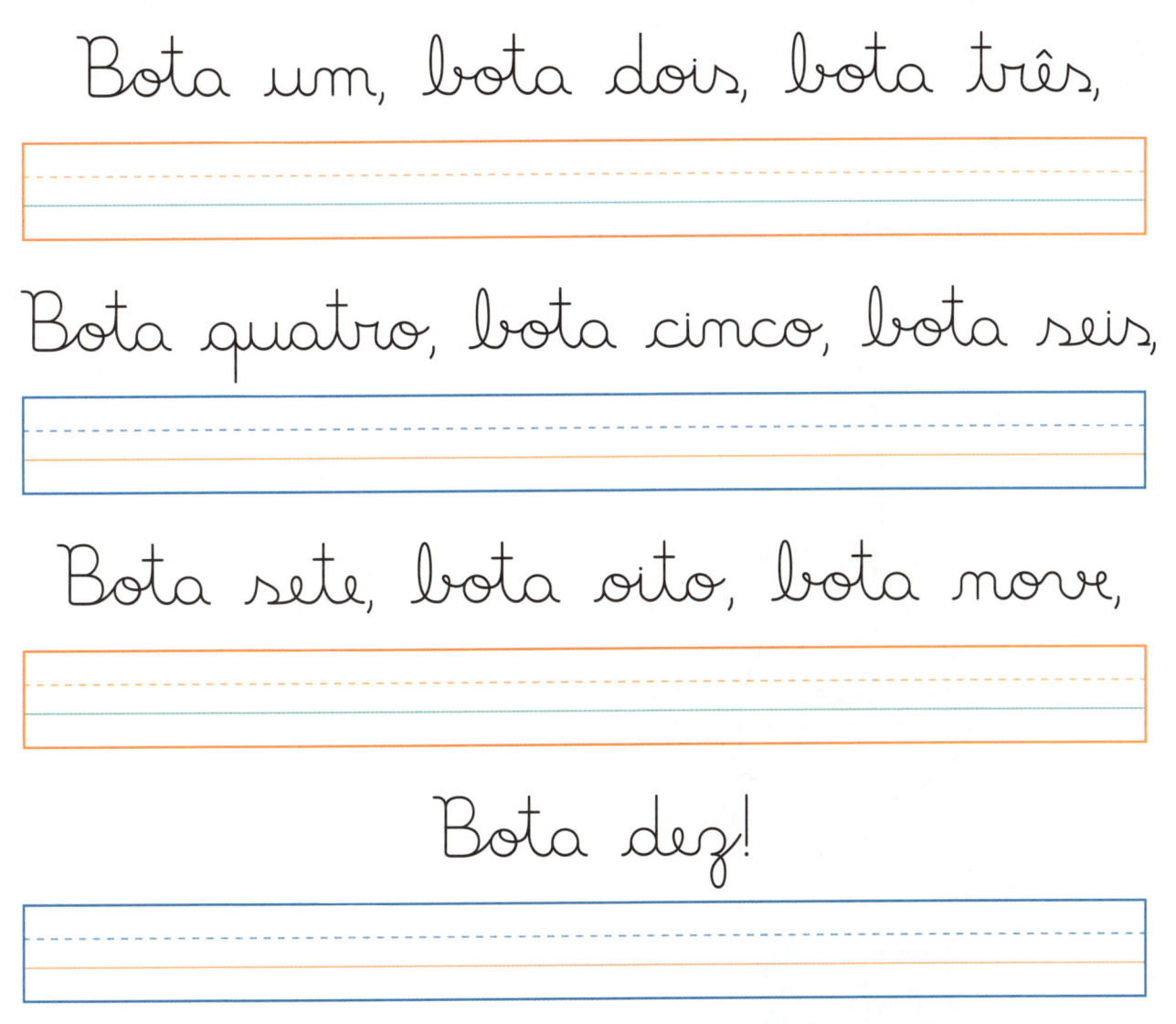

Bota quatro, bota cinco, bota seis,

Bota sete, bota oito, bota nove,

Bota dez!

Parlenda.

- Continue desenhando e enumerando os ovos até completar 10.

# Números

## De 1 a 9

- Conte e enumere o coelho.
- Pinte, cubra e transcreva o número 1.

1

um

1 1 1 1 1 1 1 1 1 1 1 1

1 1 1 1 1 1 1 1 1 1 1 1

1

- Conte e enumere os patinhos.
- Pinte, cubra e transcreva o número 2.

dois

2 2 2 2 2 2 2 2 2 2 2

2 2 2 2 2 2 2 2 2 2 2

2

87

- Conte e enumere as casinhas.
- Pinte, cubra e transcreva o número 3.

3

três

3 3 3 3 3 3 3 3 3 3 3

3 3 3 3 3 3 3 3 3 3 3

3

88

- Conte e enumere os passarinhos.
- Pinte, cubra e transcreva o número 4.

quatro

- Conte e enumere os ursinhos.
- Pinte, cubra e transcreva o número 5.

cinco

5 5 5 5 5 5 5 5 5 5 5 5

5 5 5 5 5 5 5 5 5 5 5 5

5

- Conte e enumere as bonecas.
- Pinte, cubra e transcreva o número 6.

6

seis

6 6 6 6 6 6 6 6 6 6 6 6

- Conte e enumere os robozinhos.
- Pinte, cubra e transcreva o número 7.

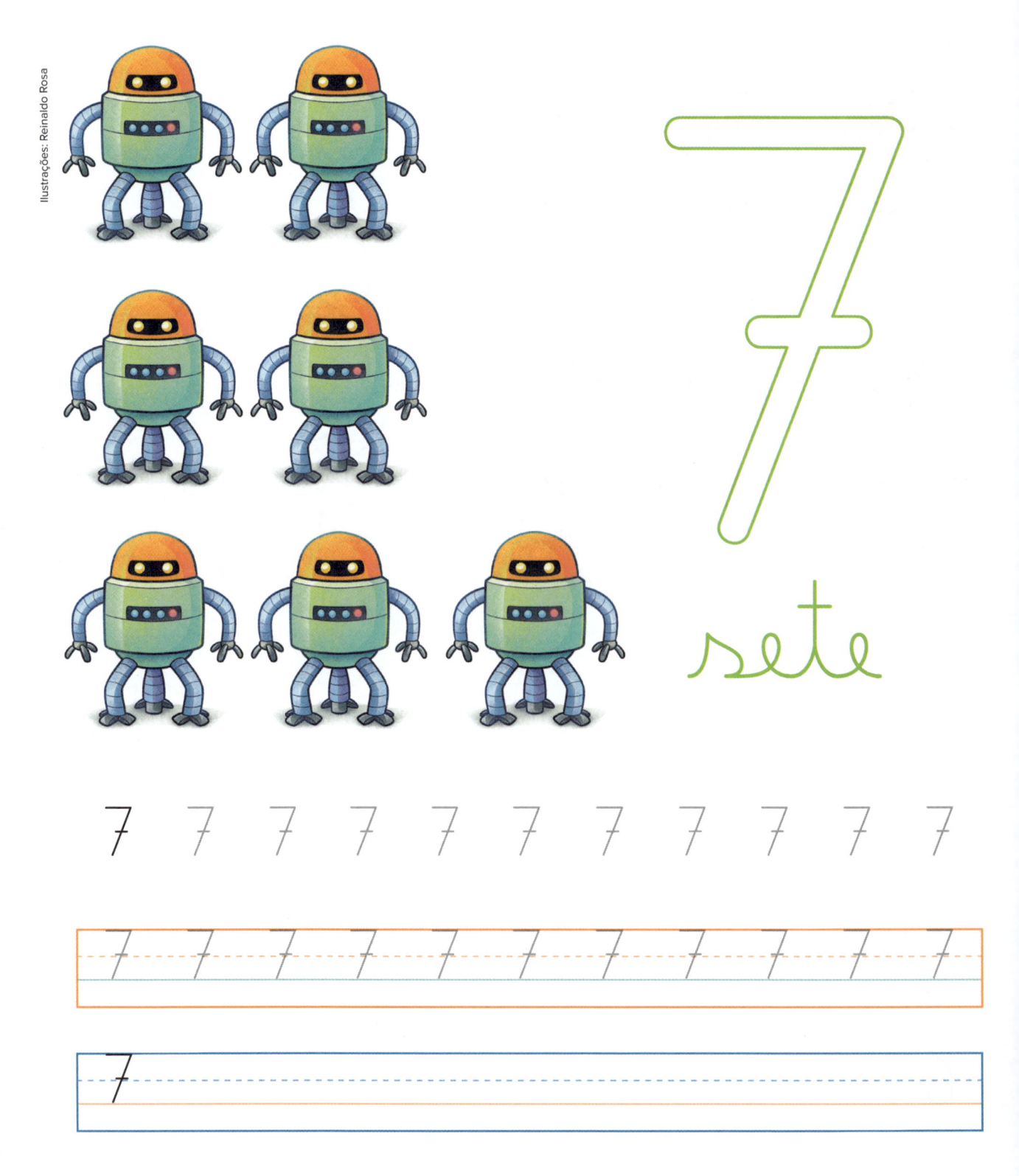

sete

7 7 7 7 7 7 7 7 7 7 7

92

- Conte e enumere os foguetinhos.
- Pinte, cubra e transcreva o número 8.

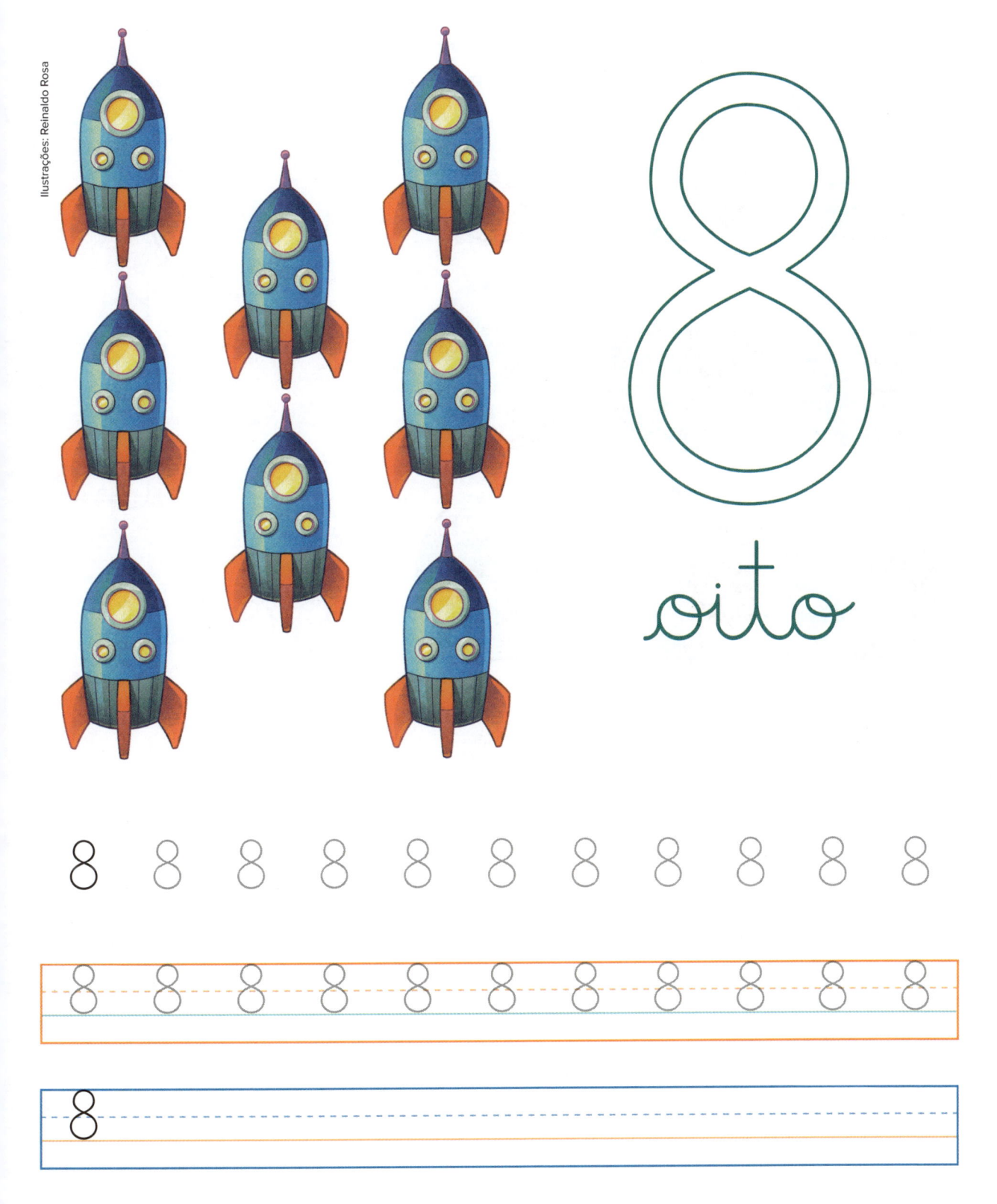

8
oito

8 8 8 8 8 8 8 8 8 8 8

8 8 8 8 8 8 8 8 8 8 8

8

- Conte e enumere as bolas.
- Pinte, cubra e transcreva o número 9.

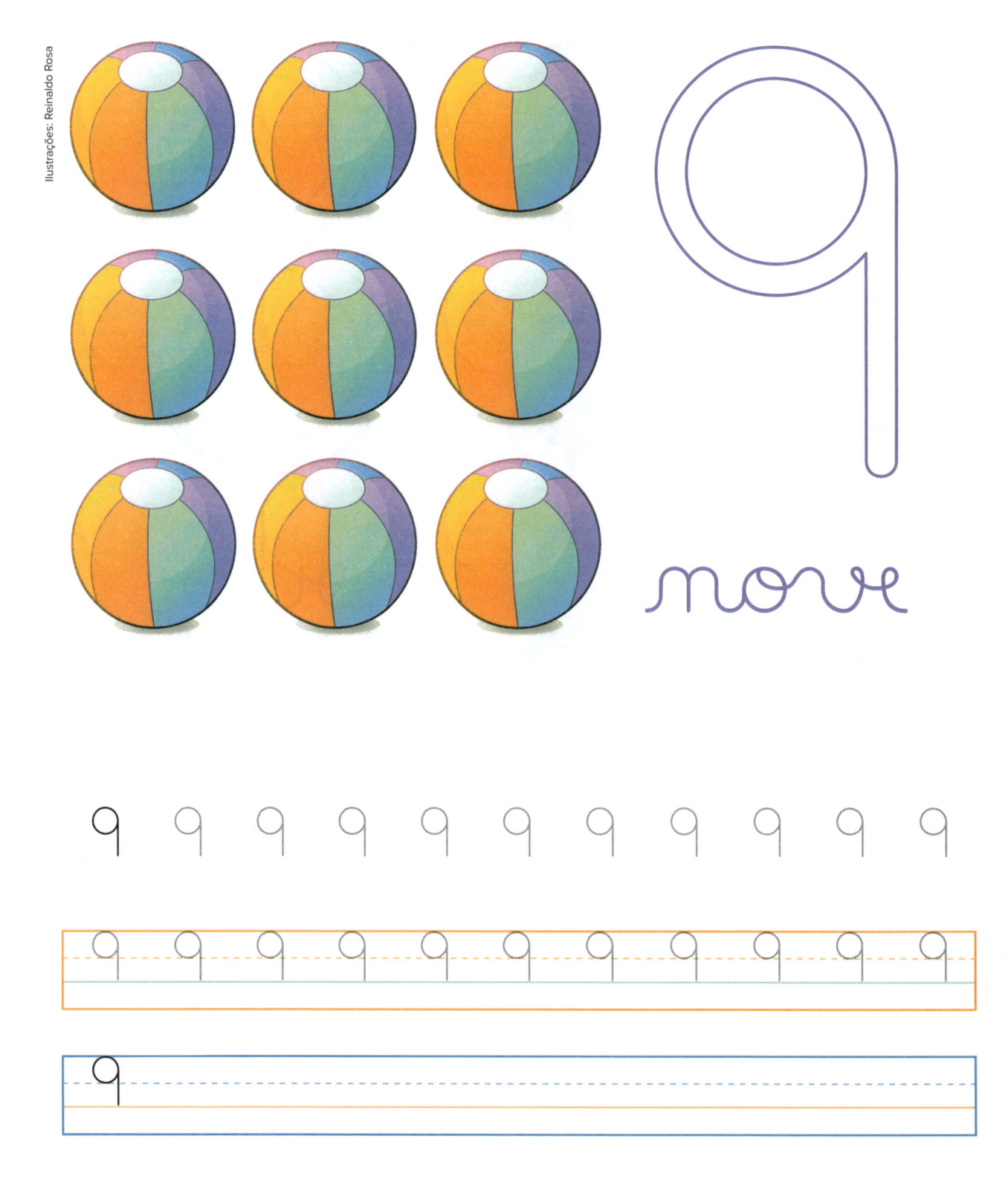

nove

9 9 9 9 9 9 9 9 9 9 9 9

- Escreva os números que faltam e trace uma linha para ajudar Leleco a tomar suco de laranja. Depois, copie os números nas pautas.

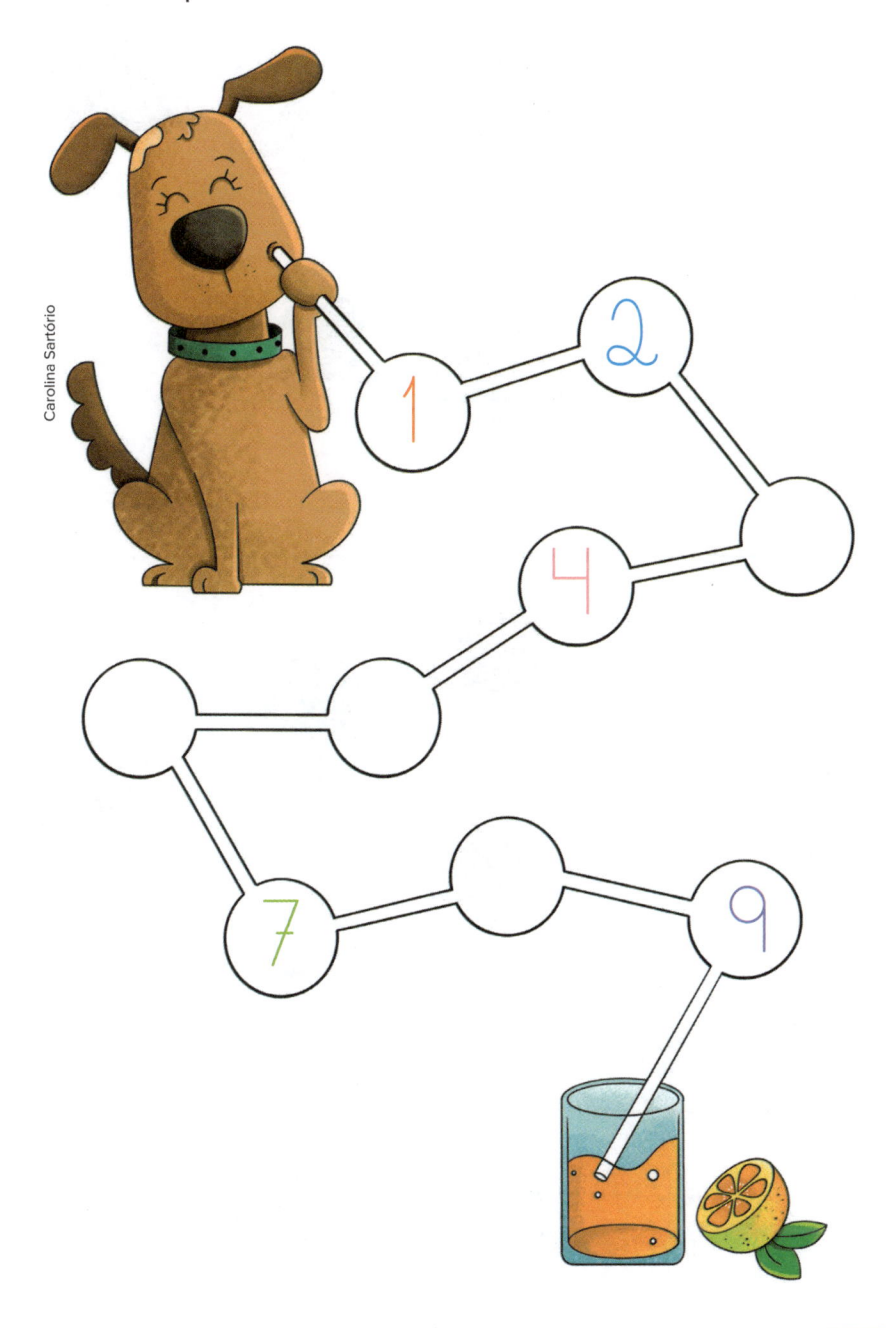

- Pinte a resposta da pergunta.

Tobe é o gato que tem 4 novelos e 3 ratos. Quem é Tobe?

# Família do 10

- Circule os aviõezinhos em grupo de 10.
- Cubra e transcreva a família do 10.

10

dez

10   11   12   13   14

15   16   17   18   19

# Família do 20

- Circule as tartarugas em grupos de 10 em 10.
- Cubra e transcreva a família do 20.

Ilustrações: Danilo Souza

20

vinte

20   21   22   23   24

25   26   27   28   29

# Família do 30

- Circule os barquinhos em grupos de 10 em 10.
- Cubra e transcreva a família do 30.

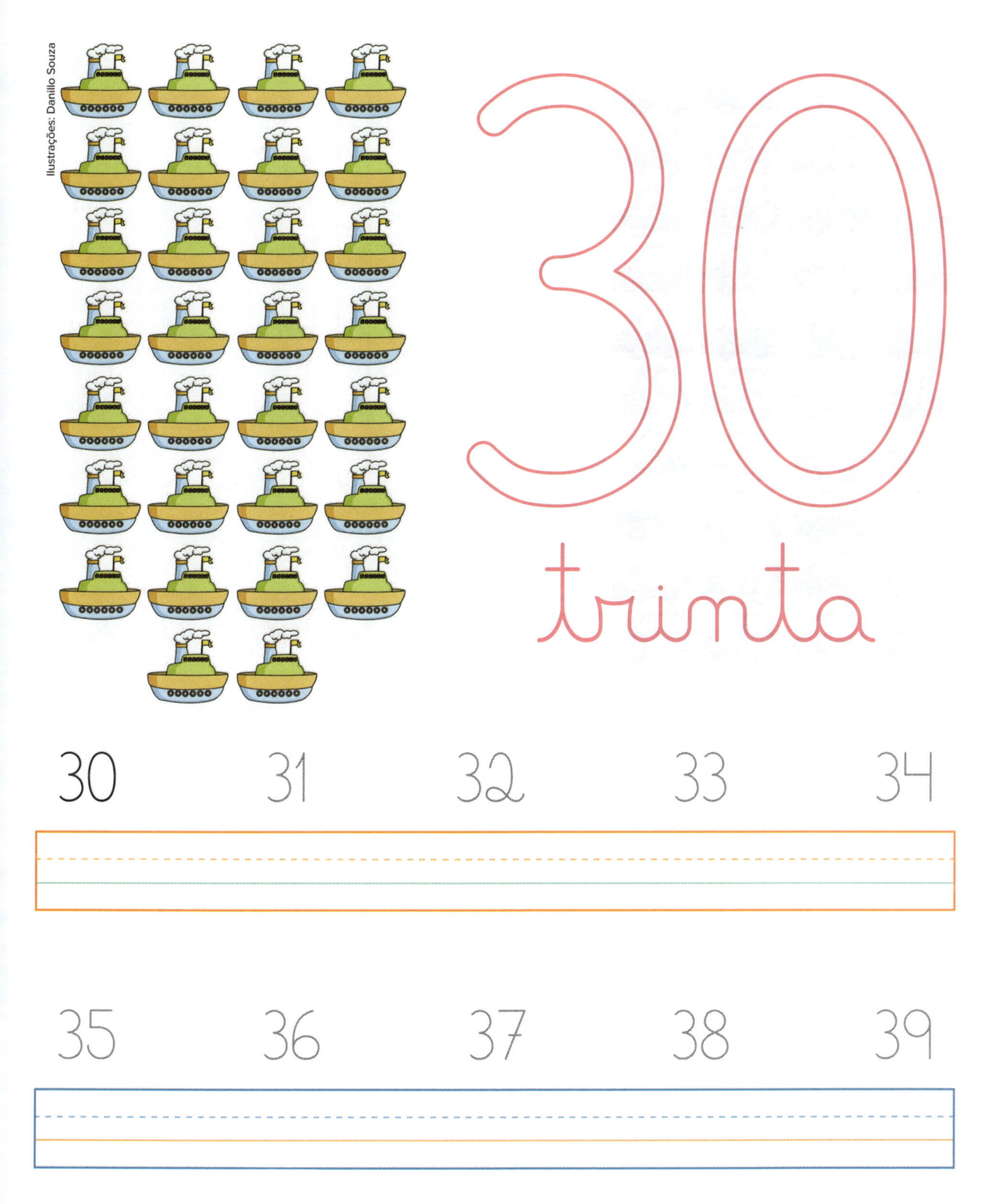

30

trinta

30  31  32  33  34

35  36  37  38  39

# Família do 40

- Circule os carrinhos em grupos de 10 em 10.
- Cubra e transcreva a família do 40.

40   quarenta

40   41   42   43   44

45   46   47   48   49

# Família do 50

- Circule as libélulas em grupos de 10 em 10.
- Cubra e transcreva a família do 50.

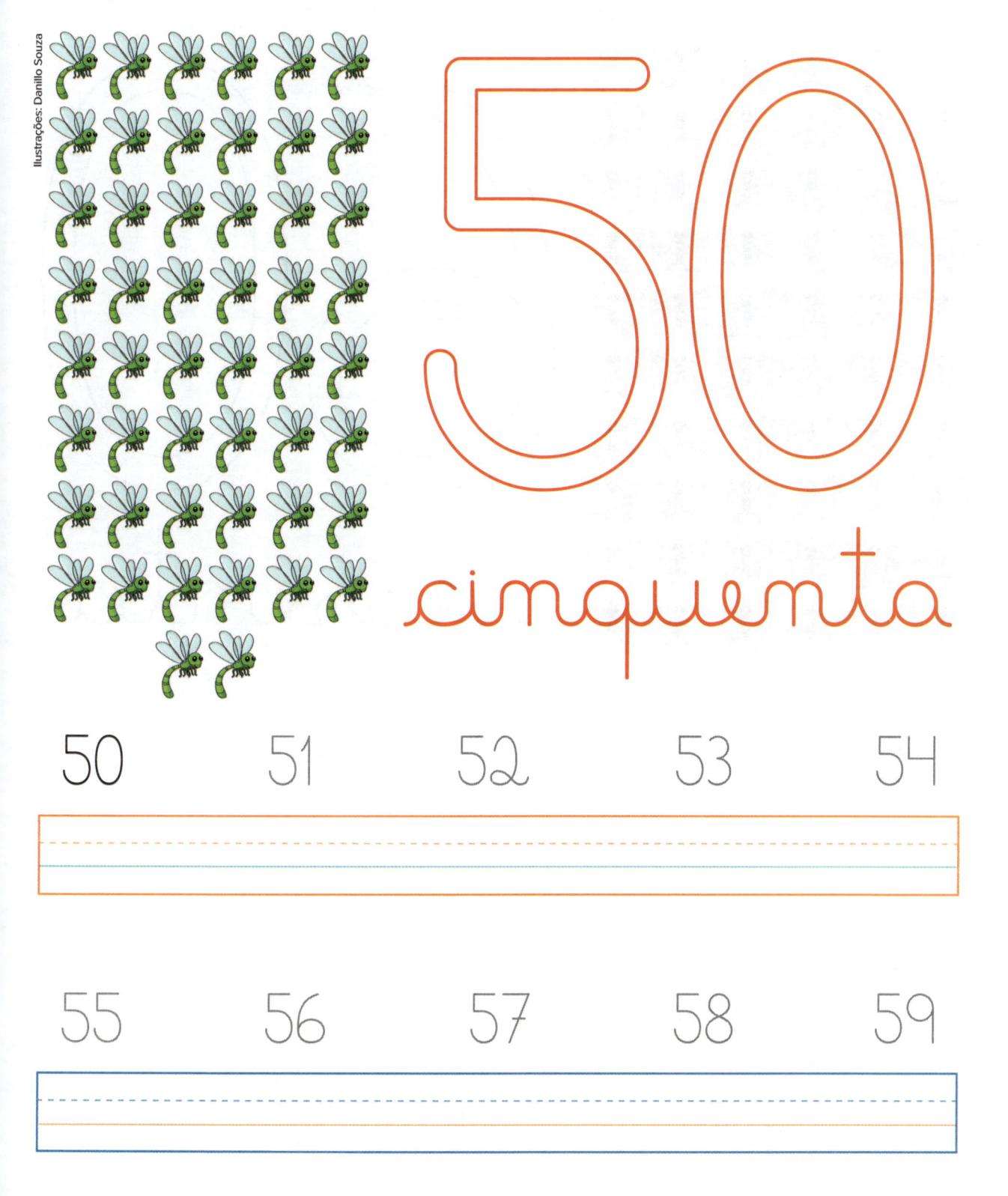

cinquenta

50   51   52   53   54

55   56   57   58   59

# Família do 60

- Circule as borboletas em grupos de 10 em 10.
- Cubra e transcreva a família do 60.

60

sessenta

60    61    62    63    64

65    66    67    68    69

# Família do 70

- Circule as joaninhas em grupos de 10 em 10.
- Cubra e transcreva a família do 70.

**70**

setenta

70   71   72   73   74

75   76   77   78   79

103

# Datas comemorativas

## Páscoa

- Dez ovos de páscoa estão escondidos nesta cena. Encontre-os e pinte-os como quiser. Depois, cubra a frase tracejada.

*Os ovos simbolizam vida nova.*

# Dia do Índio – 19 de abril

- Escute a lenda da mandioca que o professor vai contar e faça um lindo desenho para representá-la. Depois, cubra a frase tracejada.

Mani era uma indiazinha branca. Uma menina muito rara na tribo.

# Dia das Mães – 2º domingo de maio

- Ofereça flores à mamãe ou à pessoa que cuida de você! Pinte os espaços em que aparecem pontinhos usando as cores indicadas. Depois, cubra a frase tracejada.

*Essas flores são para dizer que amo muito você!*

# Festas Juninas – mês de junho

- Pinte livremente a cena junina e cubra a frase tracejada.

Nas Festas Juninas, temos bandeirinhas coloridas, danças, fogueiras e muitas comidas gostosas.

# Dia dos Pais – 2º domingo de agosto

- Observe atentamente as imagens e desenhe enfeites somente na moldura da fotografia que o coelho fez do papai urso e seu filhote. Depois, cubra a frase tracejada.

Meu papai querido, eu te amo muito!

# Dia da Criança – 12 de outubro

- Observe a posição do palhacinho em cada cena e pinte as figuras correspondentes com as cores indicadas. Depois, cubra e leia a frase tracejada.

*Ilustrações: Carolina Sartório*

*Ser criança é ser otimista,*
*Fazer da vida coisa de artista.*

Tatiana Belinky. *Ser criança*. São Paulo: Companhia das Letrinhas, 2013. p. 15.

# Dia do Professor – 15 de outubro

- No quadro azul, marque com **X** as 5 diferenças encontradas. Depois, cubra e leia a frase tracejada.

*Professor, você merece parabéns todos os dias!*

# Dia da Bandeira – 19 de novembro

- Pinte a bandeira brasileira com as cores indicadas pelos pontinhos e, depois, escreva na pauta as palavras que estão nela.

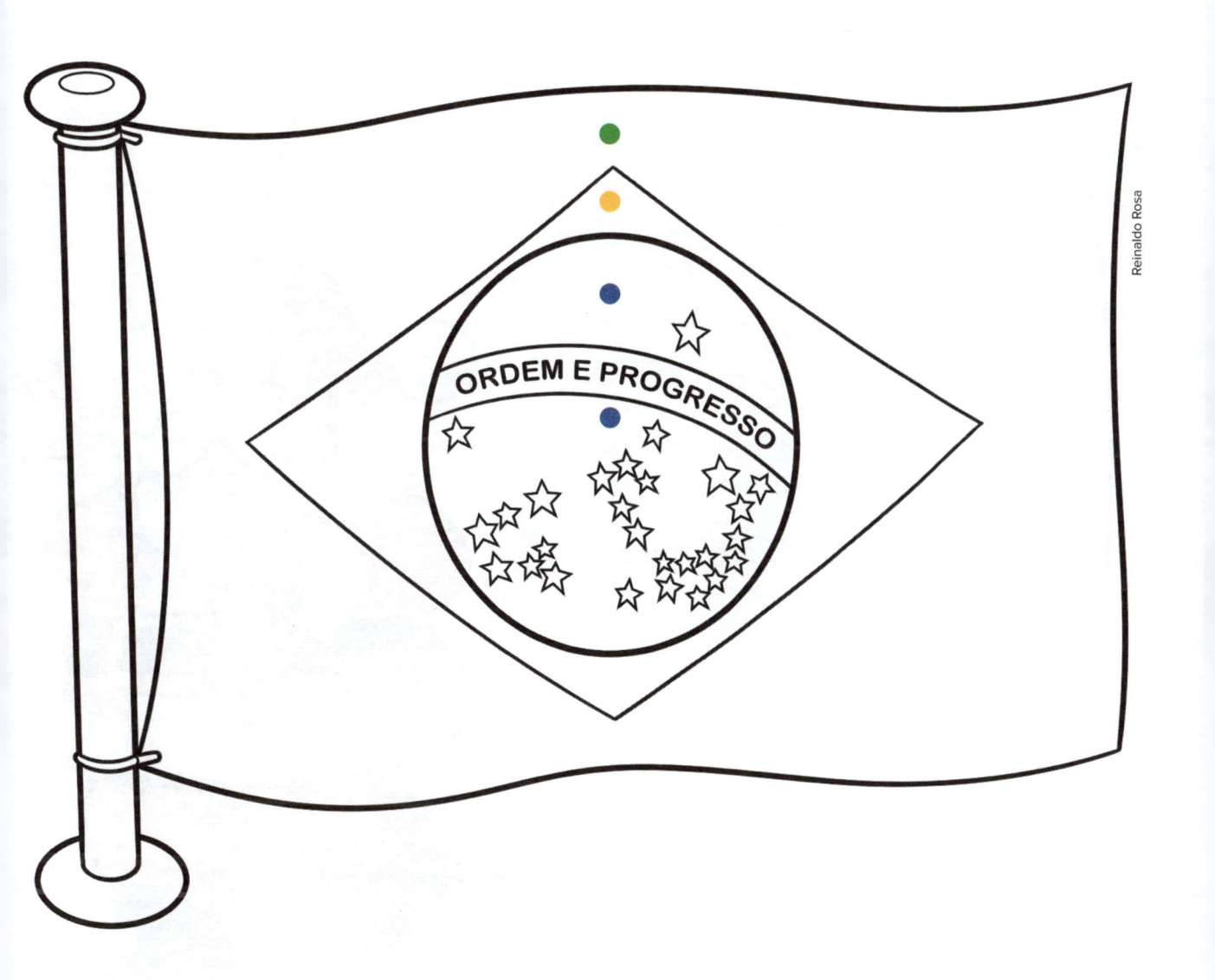

ORDEM E PROGRESSO

# Natal – 25 de dezembro

- Desenhe os brinquedos que você acha que o Papai Noel leva no saco. Depois, cubra a frase tracejada.

*O Natal tem tudo a ver com amor!*